KiWi Paperback

W0039093

KiWi 578

Über das Buch

Zu einem »wahrhaft historischen Ereignis« (Marlene Stree-ruwitz) gerieten 1999 drei Oktobertage in Köln. Schriftstel-lerinnen, Philosophinnen und Praktikerinnen aus aller Welt waren gekommen, um Bilanz zu ziehen und in die Zukunft zu blicken. Wie aktuell ist 50 Jahre nach Erscheinen Simone de Beauvoirs Epoche machender Essay »Das andere Geschlecht«? »Aktueller denn je zuvor!« konstatierte Elisa-beth Badinter, jüngste Umfragen gaben ihr Recht: 62 % aller Frauen wünschen sich heute eine »starke Frauenbewegung« (und 53 % aller Männer!). Allen voran, ganz im Gegensatz zum Klischee, die jungen Frauen. Doch ihnen bläst der Wind ins Gesicht. Die Veränderung der Realität hinkt der Revolution in den Köpfen hinterher. »Männlichkeit« und »Weiblichkeit« haben wieder Konjunktur, der Backlash will die Frauen erneut auf ihr »Anderssein« festlegen.

Der Kölner Kongress »Man wird nicht als Frau geboren«, dessen wichtigste Beiträge hier versammelt sind, hat ein Stück Frauengeschichte geschrieben.

Die Herausgeberin

Alice Schwarzer, geb. 1942, seit 1971 Autorin zahlreicher Bü-cher und seit 1977 Herausgeberin der Zeitschrift EMMA. Ver-anstaltete im Oktober 1999 in Zusammenarbeit mit dem von ihr gegründeten FrauenMediaTurm den Beauvoir-Kongress.

Weitere Titel von Alice Schwarzer bei K & W:

»Eine tödliche Liebe, Petra Kelly und Gert Bastian«, 1993. »PorNo«, KiWi 338, 1994. »Marion Dönhoff, Ein widerstän-diges Leben«, 1996. »So sehe ich das!«, KiWi 449, 1997. »Romy Schneider, Mythos und Leben«, 1998. »Simone de Beauvoir, Rebellin und Wegbereiterin«, KiWi 538, 1999.

Alice Schwarzer (Hrsg.)

Man wird nicht als Frau geboren

50 Jahre nach dem »Anderen Geschlecht« ziehen
Schriftstellerinnen und Politikerinnen
gemeinsam Bilanz: Wo stehen die Frauen heute?

Kiepenheuer & Witsch

1. Auflage 2000

© 2000 by Verlag Kiepenheuer & Witsch, Köln
Alle Rechte vorbehalten. Kein Teil des Werkes
darf in irgendeiner Form (durch Fotografie, Mikrofilm
oder ein anderes Verfahren) ohne schriftliche
Genehmigung des Verlages reproduziert oder unter
Verwendung elektronischer Systeme verarbeitet,
vervielfältigt oder verbreitet werden.
Umschlaggestaltung: Rudolf Linn, Köln
Gesetzt aus der Walbaum Standard (Berthold)
bei Kalle Giese, Overath
Druck und Bindearbeiten: Clausen & Bosse, Leck
ISBN 3-462-02914-2

INHALT

Feministische Theorie und Praxis

Simone de Beauvoir – Sartres Schülerin?

DANKSAGUNG

Der FrauenMediaTurm in Köln dankt für die Förderung bei der Realisierung des Kongresses »Man wird nicht als Frau geboren«, allen voran der Kölner Stadtsparkasse sowie dem Ministerium für Schule und Weiterbildung, Wissenschaft und Forschung des Landes Nordrhein-Westfalen, für die Unterstützung der Publikation.

Alice Schwarzer hat, in Zusammenarbeit mit dem von ihr ge-
gründeten FrauenMediaTurm, den Kongress initiiert. Sie
war mit Simone de Beauvoir von 1970 bis zu deren Tod (1986)
politisch und freundschaftlich verbunden und hat mit ihr eine
Serie von Interviews gemacht, die als wichtigste Referenz für
Beauvoirs Verhältnis zur Neuen Frauenbewegung gelten. Die
Gespräche wurden weltweit publiziert, erschienen 1983 als
Buch und wurden gerade wieder neu aufgelegt. (»Simone de
Beauvoir. Rebellin und Wegbereiterin«, 1999, KiWi 538)

VORWORT

Alice Schwarzer

Sie kamen aus fünf Kontinenten und redeten und diskutierten drei Tage lang leidenschaftlich miteinander. Für die ReferentInnen selbst war diese Begegnung mindestens ebenso spannend wie für die ZuhörerInnen. Denn im Oktober 1999 treffen in Köln erstmals 22 Frauen (und ein Mann) aufeinander, die zwar manches gemeinsam haben, sich jedoch noch nie in der Konstellation begegnet waren: von der französischen Philosophin Elisabeth Badinter und der österreichisch-amerikanischen Historikerin Gerda Lerner, über die algerische Menschenrechtlerin Khalida Messaoudi und die kroatische Schriftstellerin Slavenka Drakulic, bis hin zu der amerikanischen Beauvoir-Forscherin Margaret Simons und den deutschen Politikerinnen Christine Bergmann oder Rita Süssmuth, die ins Mikrofon sagt: »Feministin zu sein, ist das Mindeste, was eine Frau tun kann!«

Ein Resultat dieses von mir, in Zusammenarbeit mit dem FrauenMediaTurm, initiierten Kongresses ist dieses Buch. Es spiegelt in einer ungewöhnlichen Breite und Lebendigkeit den aktuellen Erkenntnisstand und die Zukunftsvisionen einiger der international wichtigsten Denkerinnen. Dabei geht die Spanne der Themen von philosophischen Fragen (War Beauvoir die Schülerin Sartres – oder war es genau umgekehrt?) bis hin zu alltäglichen Problemen wie: dem Antifeminismus in den Medien, der Kriegsstrategie der Massenvergewaltigungen oder dem expandierenden religiösen Fundamentalismus. Daneben stehen Erfolgsmeldungen. Eine wahre kulturelle Revolution ist in den letzten 50 Jahren zu verzeichnen, »Erfolge, die nie mehr zurückzudrehen sind« (Gerda Lerner).

»Man wird nicht als Frau geboren, man wird es«, so lautete der Titel der Kölner Konferenz und dieses Buches. Es ist der Kernsatz von Simone de Beauvoirs epochaler Analyse »Das andere Geschlecht«, das mehrere Generationen von Frauen und die Neue Frauenbewegung tief beeinflusst hat. Gleichzeitig aber waren Leben und Werk von Simone de Beauvoir auch innerhalb der Frauenbewegung von Anbeginn an heftig umstritten – und im angrenzenden »linken« Lager sowieso. Das war schon bei Erscheinen des Buches 1949 so. Denn Beauvoirs Forderung einer radikalen Gleichheit der Geschlechter und ihre Analyse der Rolle von Liebe und Sexualität bei der Unterdrückung der Frauen passte weder den Rechten noch den Linken. »Das andere Geschlecht« löste bei Erscheinen unter Pariser Intellektuellen Häme, ja Tumulte aus und wurde sowohl im Vatikan als auch in der Sowjetunion auf den Index gesetzt.

Im Ton hat sich bei der Kritik am Feminismus seither nicht viel geändert; ich weiß, wovon ich rede. Doch in der Sache ist viel passiert. Die Idee einer Gleichheit der Geschlechter ist durch alle Widerstände unbeirrbar ihren Weg gegangen und scheint heute selbstverständlicher denn je – auch wenn der Rückschlag, nämlich eine erneute Propagierung der Differenz, nicht lange auf sich warten ließ. Doch diese Reaktion ist nicht neu, selbst innerhalb der Frauenbewegung nicht: Seit es Frauenrechtlerinnen bzw. Feministinnen gibt, zerfallen sie in zwei Hauptströmungen.

Die eine Strömung, das sind die Antibiologistinnen, genannt die Radikalen bzw. Universalistinnen bzw. Gleichheitsfeministinnen. Sie gehen von einer grundsätzlichen Gleichheit der Menschen und damit auch der Geschlechter aus. Nicht der biologische Unterschied, sondern die sozialen, ökonomischen und politischen Unterschiede sind für sie die Ursache der heutigen Differenz zwischen den Geschlechtern. In dieser Tradition stehen historische Feministinnen wie Olympe de Gouges (1748–1793), Susan B. Anthony (1820–1906), Hedwig Dohm (1833–1919) oder Anita Augspurg (1857–1943) – und alle AutorInnen dieses Buches.

Die andere Stömung beruft sich auf den Unterschied der Geschlechter, auf die Differenz. Die Differenzialistinnen halten den Unterschied zwischen Frauen und Männern für unabänderlich; sei es, dass er naturgegeben oder aber, dass er irreversibel geprägt, also quasi genetisch verankert sei. Sie sind für »Gleichberechtigung«, aber gegen »Gleichheit« und wollen den bestehenden Unterschied nicht aufheben, sondern umwerten. Nicht selten haben die Differen-

13

zialistinnen dabei Tendenz, das »Weibliche« im Gegensatz zum »Männlichen« zu erhöhen (Frauen sind das bessere, friedlichere etc. Geschlecht). Für diese Strömung standen früher Namen wie die Sozialistin Clara Zetkin (1857–1933) oder die Frauenrechtlerin Helene Lange (1848–1930), und stehen heute in der akademischen Debatte die französischen Strukturalistinnen.

Dabei liegt es in der Natur der Sache, dass es immer die Antibiologistinnen waren, die sich am stärksten in Opposition zum Bestehenden befinden. So versuchten auch bei der Machtergreifung der Nazis Frauen wie Helene Lange zunächst – doch letztendlich vergeblich – mit den Machthabern zu dealen, mussten die Radikalen wie Anita Augspurg oder Helene Stöcker ins Exil fliehen.

Weniger dem Differenzialismus, sondern eher dem Universalismus zuzuordnen ist die in der postmodernen akademischen Debatte führende Amerikanerin Judith Butler (die ebenfalls zu dem Kongress geladen, aber verhindert war). Sie steht, auch nach eigenen Worten, durchaus in der Tradition Beauvoirs, greift in ihrer Theorie jedoch die aus der Wissenschaft kommenden Kategorien »sex and gender« auf (bei denen sex für das biologische und gender für das kulturelle Geschlecht steht) und folgert: nicht nur das kulturelle, sondern auch das biologische Geschlecht ist »Konstruktion«. Butler fordert darum zur »Dekonstruktion« von sex and gender auf, zur Aufhebung jeglicher Geschlechterkategorien.

Die meisten Butler-AnhängerInnen scheinen diesen Gedankengang für neu zu halten. In der Tat aber ist er der Kerngedanke des radikalen Feminismus, der spätestens seit dem 18. Jahrhundert eine radikale Aufhebung der Geschlechtskategorien fordert. Auch Simone de Beauvoir stellt schon 1949 im »Anderen Geschlecht« die provokante Frage: »Gibt es überhaupt Frauen?« – und beantwortet sie mit der Erkenntnis, dass »Frauen« nicht geboren, sondern »gemacht«, also konstruiert werden. Auch sie fordert die Aufhebung der Kategorie Geschlecht Richtung Geschwisterlichkeit der Geschlechter. In dieser Tradition stehen auch heutige Radikale wie die Amerikanerin Kate Millett oder die Französinnen Elisabeth Badinter und Monique Wittig (»Ich bin keine Frau«).

Der entscheidende Unterschied zwischen den modernen Universalistinnen und den postmodernen Butler-AnhängerInnen ist, dass letztere die Machtfrage nicht stellen. Sie halten die Geschlechterkategorien für beliebig zuweisbar und den Geschlechtsrollenwechsel bzw. die Verweigerung der Rolle für eine Art Spiel (was übrigens Butler selbst wiederum zurückweist – sie fühlt sich bei dieser Interpretation »missverstanden«). Die Universalistinnen aber sehen in der Zuweisung der Geschlechterrollen ein Instrument der Machtausübung. Für sie ist der spielerische Rollenwechsel Augenwischerei und jeder Rollenbruch bedroht von Sanktionen, weil eine Gefährdung der bestehenden Ordnung. Darüber hinaus stellen die Universalistinnen den Geschlechterantagonismus in den Kontext anderer gesellschaftlicher Antagonismen. Für sie haben Frauenhass und Fremdenhass ein und dieselbe Wurzel.

Auch sie sehen den heute bestehenden Unterschied zwischen den Geschlechtern. Sie halten ihn jedoch für überwindbar. Simone de Beauvoir bringt es in der Einleitung zum »Anderen Geschlecht« auf den Punkt: »Die Begriffe vom Ewigweiblichen, von der schwarzen Seele, vom jüdischen Charakter abzulehnen, bedeutet ja nicht zu verneinen, dass es heute Juden, Schwarze, Frauen gibt: diese Verneinung wäre für die Betroffenen keine Befreiung, sondern eine Flucht ins Unauthentische. Selbstverständlich kann keine Frau, ohne unaufrichtig zu sein, behaupten, sie stünde jenseits ihres Geschlechts.«

»Unaufrichtig« in diesem Sinne sind weder die Gleichheits- noch die Unterschieds-Feministinnen, doch sie ziehen unterschiedliche Schlüsse. Den auch heute wieder klaffenden tiefen Graben zwischen den Universalistinnen und Differenzialistinnen gab es schon immer, er ist scheinbar nur in Phasen des Aufbruchs verdeckt: also Mitte und Ende des 19. Jahrhunderts oder zu Beginn der 70er Jahre. Denn am Anfang wollen beide Strömungen einfach nur mehr Rechte für die Frauen. Erst in einem zweiten Schritt beharren die Differenzialistinnen auf einer »Gleichheit in der Ungleichheit« und die Universalistinnen auf der uneingeschränkten »Gleichheit«. Letztere kritisieren »Männlichkeit« wie »Weiblichkeit« als Verkrüppelung einer für beide Geschlechter anzustrebenden »Menschlich-

keit« – und ecken damit nicht nur bei Männern, sondern auch bei so manchen Frauen an. Ihre Kritik am
Männlichkeitswahn *und* Weiblichkeitswahn entzweit
auch das feministische Lager.

Ihre Parallele zu Schwarzen oder Juden als ebenfalls
»Andere« stößt allerdings nur im deutschen Sprach-
raum auf Unverständnis und ist im Ausland selbstverständlich. Die aus Wien in die USA emigrierte Historikerin Gerda Lerner analysiert in ihrem Beitrag die
Gemeinsamkeiten bei der Unterdrückung von Juden,
Schwarzen und Frauen – mit einem Unterschied:
»Frauen haben noch nicht einmal eine Geschichte.«
Und die als Frau und Jüdin sensibilisierte Französin
Elisabeth Badinter warnt vor den Gefahren der Re-
mystifizierung der Mutterschaft und des neu aufflam-
menden Weiblichkeitswahns im Zusammenhang mit
der Renaissance des Männlichkeitswahns.

Es ist kein Zufall, dass jede dritte Autorin in diesem
Buch zweifach betroffen ist: als Frau und als Jüdin
oder als Frau und als Nicht-Weiße. Diese doppelte
Betroffenheit schärft ganz besonders den Blick für
jegliche Art der Zuweisung eines »Andersseins« – das
de facto immer gleich ist mit Mindersein. Denn es ist
der Herrschende, der die Definitionsmacht hat und
bestimmt, wer der »Eine« und wer der abweichende
»Andere« ist. Eine Unterscheidung, die tödlich sein
kann.

So nutzt die seit Jahren von einer Fatwa bedrohte
Khalida Messaoudi aus Algier den deutschen Kongress zu einem Appell: »Ohne die Unterstützung der

Feministinnen und MenschenrechtlerInnen der westlichen Länder verlieren wir unseren Kampf um Leben und Tod«, beschwört sie in ihrem Beitrag und warnt speziell die Deutschen vor anbiederndem Populismus und falsch verstandener Toleranz. Messaoudi: »Das Argument, die religiösen Fundamentalisten seien schließlich vom Volk gewählt worden, gab es schon einmal. Auch Hitler wurde damals vom Volk gewählt.«

Nicht zufällig ist der Sexualpolitik ein ganzes Kapitel dieses Buches gewidmet, von der Pornografie über die häusliche Gewalt bis zum Frauenhandel. So schildert Marlene Streeruwitz in ihrem lakonischen Text die Auswirkungen des pornografisierten Männerblicks auf alle Frauen, inklusive sich selbst. Sheila Jeffreys analysiert die Entstehung der »Erotisierung des Unterschiedes« und Kathleen Barry die Prägung der Heterosexualität durch die Prostitution: Sie fordert das Verbot von Sexualität als Ware (was in Schweden bereits Gesetz ist). Die deutsche Ministerin Christine Bergmann kündigt ein »Aktionsprogramm gegen Gewalt« an, und die österreichische Sozialarbeiterin Rosa Logar berichtet über das erfolgreiche Zusammengehen von Feministinnen und Staat an der häuslichen Geschlechterfront.

Auch daran erkennen wir die Gleichheitsfeministinnen: Sie stellen die Machtfrage und sparen dabei deren dunklen Kern, die (Sexual)Gewalt, nicht aus. Sie lassen sich auch von dem Etikett des »Opferfeminismus« nicht mundtot machen und scheuen sich weder, die einschüchternde Gewalt gegen Frauen zu benennen, noch ihren Anteil an der Welt zu fordern. Sehr konkrete Strategien zur Eroberung der Macht geben in diesem Buch die deutschen Professorinnen Barbara Schaeffer-Hegel und Sigrid Metz-Göckel, die sich auf das für sie beispielhafte Leben von Beauvoir beruft.

Einen ganz neuen Blick auf dieses Leben eröffnen uns die Texte am Schluss: Simons und Fullbrooks Analysen des Werkes von Simone de Beauvoir. Sie begeben sich auf die Spuren des Entstehens von Beauvoirs Denken – und machen Entdeckungen, die nicht nur für diese eine feministische Pionierin, sondern für die meisten Denkerinnen in einer männerdominierten Gesellschaft typisch sind. Sie zeigen auf, wie Beauvoir neue Ideen nicht in abstrakte Philosophie fasst, sondern in ihren Romanen und Essays erzählerisch mit dem Stoff des Lebens verwebt – und, wie sie ihre Ideen immer wieder am Leben, am eigenen Leben überprüft.

Dabei entdecken die ForscherInnen, dass es Simone de Beauvoir war, die vieles von dem, was später originär Jean-Paul Sartre zugeschrieben wurde, als Erste gedacht hatte – und dass sie selbst dabei mitgemacht hatte, es zu vertuschen. Aus weiblicher Selbstverleugnung? Aus der (bereits gemachten) Erfahrung heraus, dass das Denken einer Frau nicht so ernst genommen wird wie das eines Mannes? Als Preis zum Erhalt ihrer großen Liebe, ihrer Liebe zu Sartre?

In den bisher unbekannten Tagebüchern der 19-jährigen entdeckte Margaret Simons den Kern des »Sartreschen« Existenzialismus lange vor der Begegnung mit ihm bei Beauvoir. Und sie spürt die Frau auf, die schon sehr früh um die Versuchungen und Gefahren der »weiblichen« Liebe weiß. Simons: »Ihrer Sehnsucht nach Liebe, dem Wunsch, im anderen aufzugehen, steht das Gefühl entgegen, ›sich dominiert zu fühlen‹.« Und in der Tat notiert schon die junge Philosophiestudentin klarsichtig: »Ich hätte selbst auch so gerne das Recht, sehr einfach und sehr schwach, eben eine Frau zu sein. In was für einer ›verwüsteten Welt‹ wandere ich, so unfruchtbar: die einzige Oase darin ist die brüchige Wertschätzung für mich selbst. (...) Ich baue auf mich, ich weiß, dass ich auf mich bauen kann. Aber ich würde es so gerne nicht nötig haben, mich auf mich selbst verlassen zu müssen.«

»Kann ich mich mit dem zufrieden geben, was man Glück nennt? Oder soll ich diesem Absoluten entgegengehen, das mich so anzieht?« fragt sich Beauvoir weiter. Und sie entschließt sich gegen die (»weibliche«) Immanenz und für die (»männliche«) Transzendenz: »Ich erschaffe mich selbst, ich erschaffe meine Geschichte.«

Zwanzig Jahre später erkennt Beauvoir in der Einleitung zum »Anderen Geschlecht«: »Das Drama der Frau besteht in diesem Konflikt zwischen dem fundamentalen Anspruch jeden Subjekts, das sich immer als das Wesentliche setzt und den Anforderungen einer Situation, die sie als unwesentlich konstituiert.

Wie kann ein Mensch sich im Frau-Sein verwirklichen? Welche Wege stehen ihm offen? Welche landen in der Sackgasse? (...) Wenn ich also an den Möglichkeiten des Individuums interessiert bin, so nicht in Begriffen des Glücks, sondern in Begriffen der Freiheit.«

Und damit benennt Simone de Beauvoir präzise den aktuellen Konflikt der Frauen heute, am Beginn dieses dritten Jahrtausends. Wieder sind sie im Aufbruch. Wieder wollen sie nicht länger behandeltes Objekt, sondern handelndes Subjekt sein. Und wieder wagen sie in einer Welt, in der Männer noch immer im Zentrum stehen und Frauen vom Rande kommen, den aufrechten Gang.

WIE AKTUELL IST
SIMONE DE BEAUVOIR?

Elisabeth Badinter, Philosophin und Schriftstellerin, gilt als eine der geistigen Nachfolgerinnen von Simone de Beauvoir. Ihre Bücher kreisen um das Verhältnis zwischen den Geschlechtern und Geschlechtsidentität, d. h. die Konstruktion von »Weiblichkeit« und »Männlichkeit«. Sie ist Tochter eines bekannten Verlegers und verheiratet mit dem sozialistischen Ex-Justizminister Robert Badinter, mit dem sie drei Kinder hat. Betroffen als Frau und Jüdin ist Badinter eine entschiedene Verfechterin der universellen Menschenrechte, die für sie unteilbar sind. In der französischen »Schleieraffäre« bezog sie Position gegen den Schleier in der Schule (»Der Schleier verstößt gegen die Menschenrechte«); und sie tritt u.a. für die Legalisierung der Homosexuellen-Ehe ein. Zur Zeit lehrt Badinter Philosophie an der Pariser Eliteschule Ecole Polytechnique.

WIE AKTUELL IST SIMONE DE BEAUVOIR?

Elisabeth Badinter

Als ich vor 13 Jahren für eine französische Zeitschrift den Nachruf auf Simone de Beauvoir schrieb, endete ich mit den Worten: »Liebe Simone de Beauvoir, ruhen Sie in Frieden, Ihre Töchter werden Sie nicht vergessen ...«. Und was ist heute, 13 Jahre später? Liest man heute eigentlich noch Beauvoir? Genauer gefragt: Was hat ihr Werk einer jungen 20-jährigen Frau, ob engagierte Feministin oder nicht, im Jahr 2000 zu bieten? Ich möchte – auch wenn dieses Vorgehen vielleicht ein wenig willkürlich anmutet – das Phänomen Simone de Beauvoir mit drei Schlagworten umreißen: ein Leben, eine Philosophie, ein Anspruch.

Ein Leben
In unseren entkirchlichten und demokratischen Gesellschaftssystemen kann jeder, sofern er oder sie nicht Gefangener der Armut oder auf andere Weise ausgeschlossen ist, mit zwanzig durchaus einmal davon träumen, aus seinem oder ihrem Leben ein Meisterwerk zu machen. Ich sage mit Bedacht »träumen«, denn es gibt nur wenige, die nicht wie Simone de Beauvoir mit fünfzig feststellen: »Ich wurde betrogen.« Wer kann, wenn die Stunde der Bilanz gekommen ist, schon von sich behaupten, ans Ziel gelangt zu

sein, also alle seine Jugendideale ohne Konzessionen, ohne Kompromisse und ohne über die Fallstricke des Schicksals zu stolpern verwirklicht zu haben?

Simone de Beauvoir hatte die Latte sehr hoch gehängt. Sie wollte mit höchster Intensität alles Lebensglück erfahren und sich zugleich selbst in ihrem Lebenswerk verewigen. Sie machte ihr Leben zum Thema ihrer Arbeit. Dieses Leben ist vielleicht nicht das erhoffte Meisterwerk geworden, aber ganz gewiss ist es ein außergewöhnliches Werk.

Alle ihre großen Bücher sind autobiografisch. Zu den vier zwischen 1958 und 1972 erschienenen »Memoiren einer Tochter aus gutem Hause«, »In den besten Jahren«, »Der Lauf der Dinge« und »Alles in allem« muss man auch die Geschichte des Todes ihrer Mutter »Ein sanfter Tod« (1964) und »Die Zeremonie des Abschieds« (1981) zählen, die meiner Meinung nach genauso viel über sie selbst aussagen wie über ihre Mutter oder Sartre. Und schließlich weiß jeder, dass ihre beiden schönsten Romane, »Sie kam und blieb« (1943) und »Die Mandarins von Paris« (1954), ebenfalls weitgehend autobiografisch sind.

Einzig »Das andere Geschlecht« (1949), das sich als wissenschaftlicher Essay präsentiert – man machte ihr damals heftige Vorwürfe, sie habe sich von ihrem Thema, der Frau, distanziert –, scheint bei dem biografischen Unterfangen aus der Reihe zu tanzen. Tatsächlich hatte sie, wie sie Sartre anvertraute, bevor sie zu schreiben begann, zunächst an ein persönliches Bekenntnis gedacht, dieses Projekt aber dann zugunsten der Frauenfrage im Allgemeinen fallen gelassen.

Das Leben von Simone de Beauvoir, wie wir es in ihren Büchern entdecken, war für mehrere Generationen von Frauen ein Lehrstück in Sachen Selbstbefreiung. Wenn auch niemandem das Leben eines anderen Menschen hundertprozentig als Modell dienen kann, so ermunterte Beauvoir ihre Leserinnen doch, ebenfalls zu versuchen, den Käfig zu öffnen, in dem sie bis dahin eingesperrt waren. Sie wandte sich von den alten patriarchalen Normen ab, widersetzte sich dem zwingenden Schicksal von Heirat, Mutterschaft und Haushalt und nahm einen Platz unter den berühmtesten Autoren ihrer Zeit ein. Es war also auch für »das andere Geschlecht« möglich, sich von gesellschaftlichen Konventionen abzuwenden, scheinbar natürliche Einschränkungen nicht zu akzeptieren und Verantwortung für das eigene Leben zu übernehmen, wie es bis dahin nur die Männer tun durften.

Beauvoirs Vorgabe war zweifelsohne ein kräftiger Emanzipationsmotor für Millionen Leserinnen, und das Paar, das sie mit Sartre bildete, war in den Augen meiner ZeitgenossInnen beispielhaft für die Gleichberechtigung der Geschlechter – wie viel Frustration und Leid sie auch immer erlebt haben mögen. Aber, so mag man fragen, inwiefern kann dieses Leben immer noch beispielhaft für die jüngeren Generationen sein – in den Zeiten von Pille und abtreibungsfreundlicher Gesetzgebung, wo doch Heirat nur noch eine Möglichkeit von vielen für ein Paar ist und die überwältigende Mehrzahl der Frauen in der westlichen Welt den Arbeitsmarkt erobert hat, wo sie jeden Tag beweisen, dass sie ganz gut für sich selbst sorgen können, ohne jemandem Rechenschaft darüber ablegen zu müssen?

Im Jahre 1980 schien es, als sei alles erreicht, wofür Simone de Beauvoir kämpfte, oder es würde spätestens in den nächsten zehn oder zwanzig Jahren erreicht sein. Ist ihr Beispiel also nicht längst überholt und ihr Leben keine Lektion mehr? Das glaube ich nicht. Denn den Kampf, den sie so leidenschaftlich geführt hat, könnte sie heute genauso weiterführen: Es ist der Kampf gegen Voreingenommenheit und vorherrschende Meinung, gegen das, was man heute political correctness nennt.

Sicher, die Vorurteile des Jahres 2000 unterscheiden sich von denen der Nachkriegszeit, und die patriarchale Ideologie hat an Gewicht und Schärfe verloren. Aber die Mystifizierung der Frau, die Beauvoir so entschieden zurückwies, ist seit 20 Jahren wieder schleichend auf dem Vormarsch, diesmal unter der Federführung von Frauen, die sich Feministinnen nennen. Die Mutterschaft und die besonderen weiblichen Eigenschaften wie Sanftmut, Altruismus oder Friedfertigkeit wieder hervorzukehren, ist bei den Sittenwächtern, Sittenwächterinnen muss ich sagen, wieder groß in Mode.

Das ganze Leben Simone de Beauvoirs bezeugt ihre Verachtung gegen die vorherrschende Meinung, gegenüber allem, was man für »richtig« hält – und in dieser Hinsicht können wir in der Tat von ihr lernen. Für sie war es mit Sicherheit viel schwieriger, sich der Mutterschaft mit allem, was dazugehört, zu verweigern, und es war selten in dieser Zeit, dass eine Frau den Griff nach der Freiheit riskierte, noch dazu für eine intellektuelle Karriere auf der Suche nach emotionalem und physischem Glück.

Wenn wir jedoch nicht wachsam sind, werden sich unsere Töchter und Enkelinnen bald wieder eingeschlossen in der Ideologie vom ewig Weiblichen wiederfinden, angehalten, Kinder zu bekommen, sie zu stillen und sich ihnen zu widmen – sonst werden sie als »vermännlichte« Frauen, »Verräterinnen« ihres eigenen Geschlechts und ihrer Mütter, kurz »Mannweiber«, beschimpft werden, wie ich es vor ein paar Monaten wiederholt in der Zeitung »Le Monde« las – aus der Feder einer der berühmtesten Feministinnen Frankreichs.

Vermännlichte Frau, vertrocknete Intellektuelle, Mannweib, all das hat sich Simone de Beauvoir ein Leben lang anhören müssen – und hat es vollkommen zu ignorieren gewusst. Damals kamen solche Angriffe nur aus dem männlichen Chauvilager, die Generation der jungen Frauen aber war solidarisch mit Beauvoir. Heute jedoch werden dieselben Worte von so genannten Feministinnen verwendet; und indem sie werten, beschwichtigen und Schuldgefühle schüren, könnten sie möglicherweise die Töchter der jungen Generation infizieren, die mit ansahen, wie sich ihre feministischen Mütter in Kämpfen verausgabten, wovon in erster Linie sie, die Töchter, profitierten. Der Konformismus ist derselbe wie vor 50 Jahren, aber von Frauen betrieben offenbart er ein oftmals noch schrecklicheres Gesicht.

All den jungen Frauen, die heute 20 Jahre alt sind, kann man darum gar nicht genug ans Herz legen, Simone de Beauvoir zu lesen! Nicht nur, weil sie in ihrer Autobiografie ein Vorbild für Kampfesgeist und unabhängiges Denken finden, sondern auch, um einzutauchen in die Philosophie der Freiheit des »Anderen Geschlechts«.

Eine Philosophie

Mir ist alles bekannt, was gegen »Das andere Geschlecht« vorgebracht wurde, dieses »veraltete Werk«, das mit den intellektuellen Mitteln seiner Zeit die gegenwärtige Realität analysieren will. Ich zitiere nur die häufigsten Anklagepunkte: Überschätzung der Männer; Unkenntnis der Frauengeschichte; Fehleinschätzung oder Missachtung der Weiblichkeit; Abschaffung des Unterschieds zwischen den Geschlechtern; Werk einer bürgerlichen Intellektuellen aus Saint-Germain-des-Prés, die vorgab, über alle Frauen zu schreiben, sich jedoch nur mit denen ihres Milieus und ihrer Klasse befasst; ein Buch, das die Frauen vermännlicht und entfremdet; Genozid der Frauen etc. etc.

Ich habe selbst darauf hingewiesen, dass die besonderen Eigenschaften der psychologischen Weiblichkeit im »Anderen Geschlecht« unterschätzt werden,

Eigenschaften, die nicht nur weiblich sind, wie eine ungenaue, verwinkelte Sprache glauben machen kann; sie sind ebenso wie die männlichen Eigenschaften zum Überleben nötig, reichen aber allein nicht aus. Ich erkenne also durchaus, dass »Das andere Geschlecht« auch Fehler oder Unzulänglichkeiten aufweist und seine Grenzen hat.

Dennoch scheint mir die ihm zugrunde liegende philosophische Botschaft von noch brennenderer Aktualität als vor 14 oder 20 Jahren zu sein. Diese Botschaft ist einfach und lässt sich in ein paar Sätzen umreißen: Wir müssen uns vor dem Argument der »Natürlichkeit« hüten, das eher der Entfremdung, denn der Befreiung der Frauen dient. Im Namen der sakrosankten Natur sollen wir reduziert und ausschließlich unseren biologischen Aufgaben unterworfen werden. Und diese Unterwerfung steht im Widerspruch zur Freiheit des Menschen und dem unantastbaren Recht, selbst über sein Leben bestimmen zu können.

Beauvoirs berühmte Worte »Man wird nicht als Frau geboren, man wird es«, weisen darauf hin, dass das, was man im Jahre 1949 unter der »Natur der Frau« verstand, eher auf das patriarchale Frauenbild zurückging als auf die Natur selbst, die in diesem Fall als »cache-sexe« und Alibi für eine unterdrückerische Politik gegen Frauen diente. Weil Frauen eine Gebärmutter haben und Kinder austragen können, muss unweigerlich der ganze Rest folgen: Heiraten, Kinder kriegen, den Haushalt führen, die Kinder erziehen, passiv wie die Eizellen, im Haus eingesperrt wie die Nonne im Kloster, abhängig vom Ehemann, masochistisch, einfältig ... – kurz und gut: Weibchen sein statt Frauen!

Es ist richtig, dass Simone de Beauvoir sich, wie man ihr oft vorgeworfen hat, auf einen sehr radikalen Kulturalismus berufen hat, um diese patriarchale Mythologie zu bekämpfen. Aber dank dieses Kulturalismus (Anm. d. Hrsg.: die Annahme, dass der Mensch kein Naturwesen, sondern ein Kulturwesen ist), damals eng verknüpft mit der marxistischen Philosophie, haben die Frauen der westlichen Welt in den 70er Jahren ihre größten Siege errungen: die Pille, das Recht auf Abtreibung, gesetzliche Gleichstellung mit den Männern. Dank dieser Philosophie konnten die Frauen die uralten Vorurteile wie den berüchtigten Mutterinstinkt in Frage stellen, die unvermeidliche Abhängigkeit der Frau vom Mann, die durch die Heirat eine finanzielle wie soziale ist. Zu dieser Zeit konnte man wirklich glauben, Beauvoir habe gewonnen, und der lange Marsch in Richtung Gleichberechtigung sei nur noch eine Sache von Jahren, schlimmstenfalls eine Sache von einer Generation.

Doch drei Gegebenheiten haben die Frauenbewegung beträchtlich verlangsamt. Die erste ist eine ganz normale Tatsache, die allerdings unterschätzt wurde: Es ist die Schwierigkeit, die männliche Haltung zu ändern, und es ist der taube Widerstand der Männer gegen die Gleichberechtigung, die ihre Vorstellungswelt durcheinander bringen würde. Die beiden anderen Ereignisse, mit denen niemand rechnete, haben, da der Marxismus und mit ihm ein Großteil unserer kulturalistischen Philosophie gestorben ist, die Ideologie der westlichen Welt stark verändert.

Das erste destabilisierende Ereignis ist die seit 20 Jahren herrschende Wirtschaftskrise. Sie traf die Frauen besonders hart, die das größte Bataillon unter den Arbeitslosen stellen und ein Verhalten des Rückzugs auf alte Positionen an den Tag legen, ich würde fast sagen, auf archaische Positionen. Viele Frauen, die keine Arbeit finden können, haben sich wieder in das mütterliche Ideal geflüchtet, wobei sie in den 90er Jahren kräftig durch eine familienorientierte Politik unterstützt wurden. Ich erinnere mich, dass wir in Frankreich zwischen 1994 und 1995 nicht viele waren, die gegen die Entscheidung der rechten Regierung protestierten, Frauen, die zur Erziehung der Kinder zu Hause blieben, drei Jahre lang ein Erziehungsgeld zu gewähren. Was kam dabei heraus? Laut einer aktuellen Studie konnten alle diese Frauen nach den drei Jahren Erziehungsurlaub keine neue Arbeit mehr finden.

Der fehlende wirtschaftliche Aufschwung hat unsere Ambitionen und Hoffnungen geschmälert und einen guten Teil unseres Kampfgeistes ausgelöscht. Nicht genug mit dem alltäglichen Kampf gegen die männliche Trägheit hinsichtlich der Aufgabenteilung, nein, es verschärfte sich auch noch der ebenso alltägliche Kampf um die Jobs, darum, sie zu behalten und respektiert zu werden. Natürlich sind die Frauen erschöpft, verbittert und entmobilisiert.

Auf dieser Grundlage hat der letzte Auswuchs einer biologistischen Ideologie erneut aufkeimen und gedeihen können. Weil die Gesellschaft uns nicht einmal mehr das Minimum des Erhofften zusichern kann, scheint die Rückkehr zur Natur der Weisheit allerletzter Schluss zu sein. Zu alldem kam noch Tschernobyl, die Entwicklung eines ökologischen Bewusstseins. Und: die Geburt eines separatistischen und differenzialistischen Feminismus, vom wachsenden Skeptizismus gegenüber den politisch Verantwortlichen im Westen gar nicht erst zu reden.

In der Konsequenz hat in Frankreich schleichend, in anderen Ländern ganz offen, die Mystifizierung der Frau erneut Fuß gefasst, und zwar mit fast denselben Parolen wie denen, die Beauvoir immer bekämpft hat. Die Mutterschaft ist wieder ins Zentrum der weiblichen Fähigkeiten gerutscht, der Mutterinstinkt wird nicht einmal mehr in Frage gestellt, und allerorten erinnert man die Frauen an ihre heilige Mutterpflicht, ihre Babys so lange wie möglich zu stillen.

Zur Verdeutlichung will ich den Erlass anführen, der letzten Februar von unserer linken Regierung veröffentlicht wurde: Man wies Krankenhäuser und Geburtskliniken an, Mütter, die nicht stillen wollen, das Milchpulver bezahlen zu lassen, denn die Muttermilch sei nun einmal die beste Nahrung für den Säugling. Und das geschieht, ohne dass öffentlich auch nur eine Stimme gegen eine solche Zwangsmaßnahme erhoben wird, die derartig mit der Erzeugung von Schuldgefühlen operiert. Das wäre vor einigen Jahren noch undenkbar gewesen.

Das humanistische, universalistische und kulturalistische Werk von Simone de Beauvoir transportiert eine Philosophie der Freiheit, derer wir heute wieder dringend bedürfen. Denn wenn wir uns nicht vorsehen, rücken, verborgen hinter dem Neuerung verheißenden Geist des Differenzialismus, Separatismus und Biologismus, bald wieder die alten Werte des Patriarchats in den Vordergrund, was eine ganz neue Art von Sexismus hervorbringen kann. Und das geht gegen das Ziel, das sich Simone de Beauvoir – und mit ihr viele Feministinnen – in den letzten Zeilen des »Anderen Geschlecht« gesteckt haben: Um den großen Sieg der Freiheit zu erringen, ist es nötig, so schrieb sie, dass Männer und Frauen über ihre biologischen Unterschiede hinweg eindeutig ihre Geschwisterlichkeit unter Beweis stellen.

Ein Anspruch

Schließlich hat uns Simone de Beauvoir außer ihrem Leben und ihrer Philosophie auch ihr kostbarstes Vermächtnis hinterlassen: ihren Wahrheitsanspruch, der ihr befahl, der Voreingenommenheit und dem »guten Ton« die Stirn zu bieten. Sicherlich wird das hohe Ideal der vollkommenen Aufrichtigkeit von niemandem ganz erreicht, denn dazu bedürfte es einer fast unmenschlichen Leistung, und so könnte man auch

Simone de Beauvoir Fehler und Verheimlichungen nachweisen. Aber trotz dieser Einschränkungen müssen wir ihr zugute halten, dass sie alles in ihrer Macht Stehende getan hat, um »die Mystifizierungen aufzulösen und die Wahrheit zu sagen«. Dieses Ziel hat sie ihr ganzes Schriftstellerleben lang verfolgt, wie sie im letzten Band ihrer Memoiren »Alles in allem« (1972) in Erinnerung ruft.

In ihrem letzten Buch »Die Zeremonie des Abschieds« (1981) erteilt sie uns noch einmal eine gewaltige Lektion in Sachen Courage; sie beschreibt Sartres körperlichen und geistigen Verfall. Schon vor der Veröffentlichung wusste sie, dass die unbarmherzige Kritik sie beschuldigen würde, mit Sartre abrechnen zu wollen, und sie des ungebührlichen und schändlichen Verhaltens bezichtigen würde. Es gibt doch tatsächlich nichts Unpassenderes und »Inkorrekteres« als vom Alter zu erzählen, vom Körper, der einen im Stich lässt und vom Geist, der zurück in die Kindheit abwandert, oder?

Nein, Simone de Beauvoir hat mitnichten mit dem Mann, den sie so sehr geliebt hat, abrechnen wollen; sie wollte einfach die Wahrheit sagen, auch über ein Thema, das in unserer Gesellschaft ein großes Tabu ist, nämlich über Alter und Tod. Kurz gesagt hat Simone de Beauvoir bis zum Ende bewiesen, wie sehr sie die »guten Sitten« verachtete, eben das, was man heute »politisch korrekt« nennt.

Heute ist es nicht mehr schockierend, wider die guten Sitten zu verstoßen, von seinen Seitensprüngen zu berichten oder von den intimsten Details der Sexualität. Aber schwierig bleibt weiterhin, ohne Rücksicht auf die Windrichtung oder jedwede Autorität zu reden und zu schreiben. Und in dieser Hinsicht bleibt Simone de Beauvoir ein Vorbild für uns, denn es gibt nur wenige, die zu sagen wagen, was die Mehrheit nicht hören will.

Schon allein wegen dieser Lektion in Sachen Freiheit und Courage werden Ihre Töchter und Enkelinnen Sie nicht vergessen, liebe Simone ...

Benoîte Groult, Schriftstellerin, war, lange bevor sie mit ihrem Bestseller »Salz auf unserer Haut« über eine leidenschaftliche Affäre zwischen einer Frau und einem Mann berühmt
wurde, in Frankreich durch ihren 1975 erschienenen Bestseller »Ainsi soit-elle« als Feministin bekannt. Benoite Groult
kam 1920 in Paris zur Welt und hat eine Schwester, Flora, mit
der zusammen sie in den 60er Jahren ihren ersten Roman veröffentlichte. Sie arbeitete als Journalistin und lehrte Litera-
turwissenschaft. Jüngst veröffentlichte sie ihre Autobiografie.
Groult hat drei Töchter.

SCHRECKGESPENST GLEICHBERECHTIGUNG

Benoîte Groult

Schon die Theorien von Platon, St. Augustin, Nietzsche und Freud zeigen, wie tief die Unterdrückung der Frau im menschlichen Gedankengut verwurzelt ist, und liefern auch heute noch die Rechtfertigung für patriarchale Strukturen und Frauenverachtung. Und sie gleichen sich alle in einem wichtigen Punkt: in dem Horror vor der Gleichberechtigung.

Männer haben Angst, denn sie sehen ihre Jahrhunderte alte Vormachtstellung bedroht. Frauen, die sich weismachen lassen, sie verlören mit ihrer Emanzipation und der Freiheit, selbst über ihr Leben zu bestimmen, auch ihre Weiblichkeit, haben ebenfalls Angst: Angst, dieses zwar undefinierbare, aber dennoch obligatorische »gewisse Etwas« zu verlieren, denn nur mit ihm ist ihnen – so sagt man – die Liebe der Männer sicher. Wir sind also gewarnt, dass wir dieses »Etwas«, das uns bei der Geburt verliehen wird, unter Umständen wieder verlieren können – wie einen Regenschirm etwa –, so wir uns nicht dem Idealbild der »echten Frau« entsprechend verhalten. Dieses Weiblichkeitsideal wurde komplett von Männern entwickelt und immer wieder überarbeitet und von uns Frauen vollständig verinnerlicht.

Wir vergessen heutzutage gern, wie sehr die menschliche Gedankenwelt in der gesamten Geschichte männlich geprägt war und ist. Aber man muss erkennen, wie erdrückend das Gewicht einer Theologie, einer Philosophie, einer Wissenschaft, einer Psychoanalyse, auch einer Kunstgeschichte ist, die nur von den männlichen Mitgliedern der Menschheit entwickelt und praktiziert wurde. Da ist es nicht erstaunlich, dass die Kirche – alle Kirchen –, die Wissenschaft und die Moral sich zu allen Zeiten in einer Frage einig waren: Frauen gehören besser ins Haus eingesperrt. Da ihre Minderwertigkeit – genau wie bei den Schwarzen und allen Armen auf dieser Welt – als angeboren galt, konnte man sie mit gutem Gewissen als Hausangestellte, Leibeigene oder Proletarier einsetzen.

Die Schwarzen haben mittlerweile ihre Gleichberechtigung erreicht, wenigstens auf dem Papier. Die Proletarier haben sich vereinigt. Nur die Frauen bleiben unterdrückt und unvereint, behindert durch dieses besondere Band, das sie an ihre Unterdrücker fesselt. Nur auf sie dürfen weiterhin ungetrübt in der Mehrzahl der Länder auf dieser Erde rassistische Praktiken, die ansonsten überall ein wenig in Misskredit geraten sind, angewendet werden. Die diversen Formen der Entfremdung, denen Frauen zum Opfer fallen (Genitalverstümmelung, Prostitution etc.), sind für die Ethnologin Germaine Tillon »das massivste Überbleibsel der Sklaverei auf der Welt«. Eine Sklaverei, mit der Frauen im Interesse der dominierenden Klasse in intellektueller, gesellschaftlicher und künstlerischer Hinsicht vollends ausgelöscht wurden.

Ganz wie der Rassismus kann auch der Sexismus verheerende Ausmaße annehmen. Erinnern wir uns nur an die millionenfachen Hexenverbrennungen zwischen dem 11. und 16. Jahrhundert in Europa. Das Besondere am Sexismus aber ist, dass er sich auf eine biologische Gegebenheit stützt, und zwar auf dieselbe, aufgrund derer sich Männer zu Frauen hingezogen fühlen. Sie sind sozusagen Intimfeinde, weshalb der Kampf um Gleichberechtigung einerseits politisch weniger radikale, andererseits aber auch perversere Formen annimmt.

Gegen Ende des 19. Jahrhunderts änderte die Frauenfeindlichkeit ihr Gesicht, denn es gab erste furchterregende Anzeichen für die Emanzipation der Frau. Doch man schaffte es, die Frauen nach der Französischen Revolution wieder von Bord zu werfen, auch nach der Revolution von 1848. Aber da immer mehr Frauen sich dennoch Zugang zu Bildung und langsam auch zu Bürgerinnenrechten erkämpften, dämmerte es den Männern mit Grauen, dass die Frauen ihnen eines Tages wirklich gleichberechtigt sein könnten. Und das hat in Männeraugen nicht nur mit dem Teilen von Privilegien zu tun, es bedeutet vielmehr eine schändliche Niederlage.

Im 20. Jahrhundert konnte die platte Frauenfeindlichkeit, das heißt eine Philosophie der Missachtung, in ihrer bestehenden Form nicht länger praktiziert werden und wandelte sich zum raffinierten Antifeminismus. Bedenken wir, was für eine Erschütterung die Frauenbewegung dem Patriarchat in diesem Jahrhundert beschert hat, wird klar, warum der Rassismus gegen Frauen so heftig und gewalttätig ist.

Die alte Form der Frauenfeindlichkeit war patriarchal geprägt, eine manchmal gerührte Verachtung für diese kleinen, zerbrechlichen, abhängigen Wesen, die die Frauen einmal waren. Der Antifeminismus von heute hingegen kann unbarmherzig sein, denn er ist Ausdruck einer realen Angst, die ihren festen Platz in der Geschichte der individuellen und kollektiven Ängste hat. Die Frau fungiert, wie der Jude, der Fremde, der Ausgestoßene, der Landstreicher, als Sündenbock, der die abwegigsten Fantasmen und widersprüchlichsten Anklagen auf sich vereint. Was eine Frau ausmacht, ist für den Frauenfeind nicht etwa dieses oder jenes Verhalten, sondern einzig ihre so genannte »Weiblichkeit«, wie für den Antisemiten das »Jüdischsein« – ein irrationales Prinzip.

Der »gepflegte« Antisemitismus, der lange Zeit in Frankreich herrschte, wurde, so schrieb einst Sartre, für harmlos und gutartig gehalten, weshalb er ihn »salonfähigen Antisemitismus« nannte. Ebenso könnten wir von einer »salonfähigen Frauenfeindlichkeit« reden – die allerdings, ganz wie der Antisemitismus, jederzeit lebensgefährlich werden kann.

Der Antifeminismus ist eine viel schrecklichere Waffe als die alte Frauenverachtung, denn er gibt vor, den Interessen der Gesellschaft, der Familie und der Frauen zu dienen, die er glaubt, vor sich selbst schützen zu müssen. Antikommunismus, Antisemitismus und Antiklerikalismus hingegen gehören zum allgemeinen Wortschatz. Aber der Antifeminismus ist in keinem aktuellen oder alten Lexikon zu finden, weil uns jede wissenschaftliche oder historische Grundlage fehlt. Da wir nicht mal ein Wort haben, um den Tatbestand zu beschreiben, können wir den Antifeminismus nur schwer erkennen und folglich auch nicht bekämpfen.

Der Antifeminismus ist jedoch überall am Werke und schreckt vor nichts zurück. In meinem Land, das so stolz auf seine Galanterie ist (das liebenswürdige Gesicht des Sexismus), kann jede beliebige Frau als »Hure« beschimpft werden. Wenn ein Türke als »dreckiger Kanacke« beschimpft wird, gibt es ein Anti-Rassismus-Gesetz dagegen – wenn man hingegen eine Frau als »dreckige Hure« beschimpft, nimmt man nur sein Recht auf freie Meinungsäußerung in Anspruch. Was wir brauchen, ist also ein Gesetz gegen den Sexismus und Antifeminismus!

Frauen dürfen allerdings auch nicht nur als die ewigen Opfer gesehen werden. Was sie unterdrückt, sind nicht nur die anderen, sondern auch sie selbst: Es ist dieses Gefühl von Schwäche und Unvermögen, von dem wir uns nicht befreien können; und es ist dieses Schuldgefühl, das uns jedes Mal beschleicht, wenn wir uns zu weit von der uns zugewiesenen Rolle entfernen.

Das Beunruhigendste ist, dass manche Frauen sich selbst an die Spitze dieses neuen Kreuzzuges zugunsten der weiblichen Werte gestellt haben, der uns im Namen unserer besonderen »Bestimmung« erneut marginalisieren will – was zeigt, wie aktuell Beauvoirs Thesen auch heute noch sind.

In dieser Hinsicht muss ich die französischen Frauenzeitschriften des Antifeminismus beschuldigen. Das Leben der Mädchen und Frauen in diesen Magazinen dreht sich erneut um Schönheit, Hochzeit, Mutterschaft. Diese Magazine erzählen ihren Leserinnen, besonders den jüngeren, die Gleichberechtigung sei längst erreicht und der Feminismus ein alter Hut. Verschwunden ist die Frau, die kämpft. Sie wurde zu Gunsten der Top-Models ausrangiert, die mittlerweile auch als Role-Model fungieren. Aus der befreiten Frau wird zur großen Erleichterung aller Männer und so mancher Frau wieder die verweiblichte Frau. Wir erleben zur Zeit eine konstante Abwertung des Frauenbildes auf realer gesellschaftlicher wie auf symbolischer Ebene.

Die »echte Frau« ist nach den Erschütterungen durch die Frauenbewegung im Eiltempo zurückgekehrt. Das ist eine, die ihre Karriere vernachlässigt, um sich besser ihrer Familie widmen zu können. Wieder sind es der Macho und das Objekt seiner Begierde, die Leserinnenherzen höher schlagen lassen. Und der Feminismus wird ausschließlich unter negativem Vorzeichen präsentiert.

Die Werbung macht mit und verstärkt diese Tendenz noch. Auch sie hat eine radikale Kehrtwendung vollzogen: keine heldenhaften Frauen mehr oder solche in Führungspositionen. Wenn sie arbeiten, dann als fesche Sekretärinnen oder Stewardessen, die rührend um das Wohl der Business-Passagiere besorgt sind, natürlich alles Männer!

Auch die Mode ist mit von der Partie. Sie wird nunmehr von »großen Couturiers« entworfen, in der Mehrzahl Männer. Die Frauen lassen sich von ihnen in eine männlichen Fantasmen entsprungene Form gießen.

Die Frau am Herd, die seit den 70er Jahren ein Vogelscheuchendasein fristete, ist wieder zum erstrebenswerten Ideal geworden. Besser freudestrahlende Mutterschaft als das höllische, einsame Leben jener Frauen, die ihrer Karriere, auf die frau heute gerne wieder verzichten darf, den Vorzug geben.

Nicht nur wir Französinnen sind machtlos dagegen. Wir stellen keine kohärente politische Kraft dar wie die Frauen in Island oder Schweden. Wir haben keine Frauenlobby, keine Klubs, keine Solidarität unter Frauen. Wir streiten und zerstreiten uns, und das macht uns verwundbar. Aber um zu verhindern, dass unser bisher Erreichtes durch diese Verschwörung von Nostalgikern, Fundamentalisten und Reaktionären aller Couleur zunichte gemacht wird, gibt es nur ein Mittel, und das ist: Solidarität und »Schwesterlichkeit«.

Rita Süssmuth ist Wissenschaftlerin und Politikerin und machte in beiden Bereichen eine steile Karriere. Als CDU-Politikerin wurde sie zum Symbol für Frauenemanzipation innerhalb des politischen Konservatismus, als Erziehungswissenschaftlerin war sie zuletzt Direktorin des Forschungsinstituts »Frau und Gesellschaft« in Hannover. Süssmuth ist 1937 in Wuppertal geboren und studierte u.a. in Paris. Sie ist, nach eigenen Worten, stark beeinflusst von den Ideen Simone de Beauvoirs. 1981 wurde sie Mitglied der CDU, 1985 Familienministerin, 1988 Bundestagspräsidentin und ist heute Abgeordnete. Rita Süssmuth ist verheiratet und hat eine Tochter.

DER EINFLUSS VON SIMONE DE BEAUVOIR AUF MEIN LEBEN

Rita Süssmuth

Ich gehöre nicht zu den Pionierinnen der Frauenbewegung, aber ich bin tief von dieser beeinflusst. Meine literarische Begegnung mit Simone de Beauvoir fand in den 70er Jahren, genau zwischen 1975 und 1980, statt. Warum habe ich sie damals gelesen?

Im »Anderen Geschlecht« hat Beauvoir einen Mythos zerstört, den Mythos von der Weiblichkeit. Sie wehrte sich gegen den Mythos biologisch begründeter Weiblichkeit, die Reduktion der Frau auf die Mutterschaft. Sie fragte: Wer bin ich als Frau? Ich weiß nicht, ob wir heute, 1999, sagen können, dass diese Frage geklärt ist. Die Rollenreduktion wurde abgebaut, aber die Rollenverunsicherung der Frauen am Ausgang dieses Jahrhunderts ist weit größer, als wir uns eingestehen.

Mich hat Simone de Beauvoir damals aufgeschreckt, weil ich so über Mutterschaft und weibliche Werte noch nie nachgedacht hatte. Denn wir alle sind ja mit diesen Pseudowahrheiten über uns Frauen aufgewachsen. Ich konnte immer verstehen, dass Frauen dagegen Sturm liefen: weil ihnen von Beauvoir ihre Pseudoidentität bzw. ihre Identität alter Art genommen wurde und sie sie ganz neu begründen mussten.

Was folgte für mich daraus? Dass geistige Entwürfe neu und radikal sein müssen, wenn sie Veränderung in Gang setzen wollen. Sie können mit Einseitigkeit und Irrtümern verbunden sein. Davon ist auch Simone de Beauvoir nicht frei. Aber es ist notwendig, sich nicht immer auf einer mittleren Harmonieebene zu verständigen, das bringt im Denken und Handeln selten weiter.

Das Zweite, was ich damals begriffen habe, ist, dass jene Emanzipation, die Simone de Beauvoir wollte, in der Tat einerseits ein schwieriger, schmerzhafter Weg ist, andererseits aber auch ein existenziell befreiender. Herauszukommen aus abgeleiteten Existenzen? Herauszukommen aus Abhängigkeit und Unterdrückung – das war ein vorwärts treibender Gedanke! Eigenverantwortlich und selbstbestimmt das eigene Leben in die Hand zu nehmen, das war eine Herausforderung.

Ich verstehe heute besser denn je, warum das Wort Selbstbestimmung in Verbindung mit Frauen immer noch ein Reizwort, eine Provokation ist. Es macht den Kern einer eigenständigen freien Existenz aus. Ich weiß aber auch, dass es für Menschen oft leichter ist, fremd- als selbstbestimmt zu leben. Es ist bequemer, einem vorgezeichneten Weg zu folgen, als ihn selbst zu suchen, als selbst zu entscheiden.

Insofern sind Frauen – übrigens Männer keineswegs weniger – immer noch im Kantschen Sinne auf dem Wege zur Mündigkeit. Es geht kein Weg an harter Aufklärung über sich selbst vorbei. Wir leben zwar in einer Zeit, in der uns Philosophen an der Aufklärung zweifeln lassen. Aber ich möchte ausdrücklich dazu auffordern: Frauen, gebt nicht das Wichtigste auf, nämlich die Aufklärung! Den Geist der Nachfrage, der Kritik, der Überwindung von Ideologien. Und das sage ich insbesondere in einem Land, das stärker als andere Länder Ideologien aus immer neuen Idealismen heraus entwickelt hat.

Es wird immer wieder die These vertreten, dass wir Frauen doch von Natur aus anders seien, unsere Rolle biologisch vorgeprägt sei. Die Mutterschaft als das angebliche »weibliche Zentrum« verleitet zu falschen Beschränkungen. Wenn uns auch ein höherer Anteil an der Erwerbstätigkeit zugebilligt wird, so beinhaltet das nicht wirkliche Gleichwertigkeit und Gleichberechtigung. Wo ist denn unsere gleichwertige Beteiligung an der Gestaltung der Zukunft? Wir haben zwar eine soziale und kulturelle Revolution in der Zweierbeziehung herbeigeführt, aber die gesellschaftlichen Konsequenzen daraus werden noch nicht begriffen.

Ich selbst habe trotz freiheitlicher Erziehung in meiner gesamten Jugend diesen verkrampften Umgang mit Sexualität erlebt. Ich bin erst spät zu einem freieren Menschen im Umgang mit Sexualität gekommen. Noch immer spüren wir, wie sehr die menschliche Sprache im Bereich Sexualität zu entwickeln ist. Ohne Simone de Beauvoir wäre der Bereich der sexuellen Gewalt Tabu geblieben. Sexuelle Gewalt aber ist ein Schlüsselthema, wenn es um die Frage »Herrschaft« von Männern über Frauen geht.

Ich komme zu der entscheidenden Frage der Frauenbewegung der 70er Jahre: Ist weibliche Emanzipation als kollektive Bewegung möglich? Simone de Beauvoir war mehr als skeptisch. Sie formulierte: »Anders als die Schwarzen, anders als rassistisch Verfolgte sind die Frauen offenbar nicht in der Lage zum ›Wir‹, zur ›Solidarisierung im Kollektiv‹.« Die Aussage ist ernüchternd, und doch ist es in den 70er Jahren gelungen, und zwar durch jene Frauengruppen, die sich aufgemacht haben und nicht gewartet haben, dass irgendein deus ex machina die Probleme im Sinne der Evolution lösen würde. Sie sind selbst aktiv geworden. Evolution ist nur über Aktion, Eigeninitiative, stetigen und kämpferischen Einsatz zu erreichen.

In den Jahren, in denen ein Foto von Simone de Beauvoir in meinem Arbeitszimmer in der Universität Dortmund hing, habe ich nie ein Wort der Kritik gehört. Ob die anderen sie erkannt haben, weiß ich nicht, aber sie hat dort immer gehangen. Doch als ich in die Politik ging und sagte – ich gebe heute zu, in einer Naivität, die tödlich sein kann –, was ich von Simone de Beauvoir hielt und dass sie in meinem Leben eine wichtige Rolle gespielt hat, da wurde es gefährlich. Es war erschreckend, was ich da ausgelöst hatte. Einige werden das über das Fernsehen erlebt haben. Es kam sofort die Forderung, dass ich das Familienministerium verlassen müsste und was sich denn der Kanzler dabei gedacht hatte, eine solche Frau zu berufen. Aber sie sehen, ich habe es überlebt.

Wahrscheinlich wussten diese Kritiker gar nicht so genau, was es mit Simone de Beauvoir auf sich hatte. Gelesen hatten sie sie wahrscheinlich nicht. Aber eins wussten sie, das ist eine gefährliche Frau. Wahrscheinlich waren sie besonders empört über die Beteiligung Simone de Beauvoirs 1971 an der Abtreibungskampagne, und sie wussten: Die war gegen Mutterschaft, die war eine Zerstörerin der Familie, die Frau war eine Kriegstreiberin zwischen den Geschlechtern – also alles, was man negativ mit einer Person verbinden konnte, verband man mit Simone de Beauvoir.

Dennoch ist Simone de Beauvoir an den Christdemokraten nicht vorbeigegangen. Ihr Name findet zwar nirgendwo Erwähnung, aber sie hat mittelbar eingewirkt. Die zweite Frauenbewegung und mit ihr Simone de Beauvoir wurden bekämpft. Dennoch sind die Veränderungen im Selbst- und Fremdbild der Frauen in der CDU nicht loszulösen von der Frauenbewegung der 70er Jahre. Entscheidend waren dabei: die Öffnung und Erweiterung der Lebenswelten von Frauen, die Abwehr biologischer Herleitungen der Weiblichkeit und Mütterlichkeit, die Anerkennung unterschiedlicher Lebensentwürfe von Frauen mit Kindern und ohne Kinder. Gleichwertigkeit und Gleichberechtigung fanden ihren Niederschlag in zwei Leitbegriffen: in Partnerschaft und Wahlfreiheit.

Die jüngsten Vorschläge zum Familiengehalt zeigen die Bereitschaft zur Aufwertung der Familienarbeit, sie hat für die CDU Vorrang vor dem Ausbau der

Kinderbetreuung. Zur Wahlfreiheit gehöre, dass Eltern mit ihrem Familiengehalt selbst darüber entscheiden, ob sie einen öffentlich geförderten Betreuungsplatz in Anspruch nehmen oder nicht. Das ist prinzipiell richtig, hat nur weitreichende Konsequenzen. Wenn die öffentliche Förderung von familienergänzender Betreuung zurückgenommen wird zugunsten der Familienförderung, dann wird das ohnehin knappe Angebot an verfügbarer Kinderbetreuung weiter eingeschränkt und nicht erhöht. Das erhöht die Wahlfreiheit nicht, sondern schränkt sie weiter ein.

Eine Wahlfreiheit gibt es nur dann, wenn ich zwischen unterschiedlichen Möglichkeiten *wirklich* wählen kann. Die bestehenden Wahlmöglichkeiten bedeuten für die Frauen entweder Verzicht auf Erwerbseinkommen, soziale Sicherung und berufliche Kontinuität oder Bereitschaft zu Doppel- und Dreifachbelastung.

Es reicht nicht aus, von Partnerschaft und Wahlfreiheit zu reden, wenn weder auf der individuellen noch auf der gesellschaftlichen Ebene die Voraussetzungen dazu geschaffen werden. Ohne familienfreundliche Arbeits- und Kinderbetreuungszeiten bleibt die Wahlfreiheit praktisch eine Fiktion.

Die Frauenbewegung der 70er Jahre hat eine soziale und kulturelle Revolution in Partnerschaft und Familie ausgelöst. Werden die heute hohen persönlichen Erwartungen an Partnerschaft nicht eingelöst, kommt es – in 60% der Fälle auf Initiative der

Frauen – zu Trennung und Scheidung. Die Entsprechung von Kinderwunsch und tatsächlich geborenen Kindern ist in den europäischen Ländern besonders hoch, wo auch die besten Voraussetzungen für die Vereinbarkeit von Familie und Beruf bestehen. So haben die skandinavischen Länder zur Zeit die höchste Frauenerwerbsquote *und* die höchsten Geburtenraten. Umgekehrte Zahlen weist Italien auf: geringste Erwerbsquote *und* geringste Geburtenzahlen in Europa.

Diese Fakten sind Ergebnisse der Frauenbewegung: veränderte Lebensentwürfe von Frauen, eigene Vorstellungen von einer gelungenen Partnerschaft mit Kindern und ohne Kinder, Selbstentfaltung und schöpferische Tätigkeit in Familie, Beruf und Politik. Die Antworten der Politik sind eher gestrig als zukunftsbezogen ausgerichtet.

Die »bezahlte Hausarbeit«, eine Forderung der Grünen, ist eine zweischneidige Sache. Zur Aufwertung der Familienarbeit verbunden mit eigenständiger sozialer Sicherung jedoch ein klares Ja. Aber dieses Ja ist verknüpft mit der gleichen Verpflichtung von Frauen und Männern für Hausarbeit, Erziehung und Pflege. Es ist des Weiteren verknüpft mit dem gleichen Anrecht von Frauen wie Männern auf Erwerbsarbeit. Es stimmt nicht, dass das Kind in den ersten Lebensjahren primär die Mutter braucht; es braucht beide: Vater und Mutter.

Wir haben es gewagt, uns auf den Weg zu machen, Neues zu wagen. Das ist mit Anstrengung, Enttäuschungen und Erfolg, aber auch oft mit einem hohen persönlichen Preis verbunden. Wir sind von den radikalen Denkerinnen nicht in Engpässe geführt worden, sondern sie haben uns entscheidend weitergebracht. Ich sage es noch einmal an dem Beispiel Mutterschafts- und Weiblichkeitswahn, da ist in den letzten Jahrzehnten Erhebliches, Theoretisches und Praktisches geklärt worden. Nicht frei von Widersprüchen und Rückfällen, aber es gibt die Fortschritte, und das Frauenleben beweist es.

Ich komme zum letzten Punkt und frage: Was ist mit der Macht?

Wie steht es denn mit der Machtfrage in politischen Spitzenämtern, oder wie steht es mit den Frauen in Führungspositionen in Universitäten? Die Hochschulen sind nicht der Hort von Fortschritt. Die Wirtschaft erklärt, wir brauchen die Frauen im globalen Wettbewerb, denn offensichtlich sind sie gut, aber sie verfügen nicht über viel Einfluss. Gerade bei der Frage der Macht stehen wir noch am Anfang. Feministin zu sein, ist das Mindeste, was eine Frau tun kann. Aber ich glaube nicht, dass wir in Kürze eine dritte Frauenbewegung bekommen. Es kann nur weitergehen, wenn es eine breite Initiative und Aktion in der Gesamtgesellschaft gibt – vielleicht mit mehr Männern als damals. Noch werden Frauen, die sich dezidiert einsetzen, immer auch der Gefahr ausgesetzt, ausgegrenzt zu werden. Und das spricht gegen die Ansprüche der Demokratie, die wir ohnehin am Ende unseres Jahrhunderts nur sehr bedingt erfüllen.

SEXUALPOLITIK –
EINE ZWISCHENBILANZ

Sheila Jeffreys, Politikwissenschaftlerin, ist eine der frühen Aktivistinnen der englischen Frauenbewegung. Seit 1991 lebt sie in Australien und lehrt dort Politikwissenschaften an der University of Melbourne. 1998 promovierte sie über »The Idea of Prostitution«. Sie ist eine der Gründerinnen der australischen Sektion von »Coalition Against Trafficking in Women«. Zur Zeit arbeitet Jeffreys an zwei Buchprojekten: »Lesbian citizenship and the queer agenda« und »Harmful traditional practices and women's human rights«.

DIE EROTIK DER (UN)GLEICHHEIT

Sheila Jeffreys

Eigentlich könnte Sex nichts weiter als eine Quelle der Freude sein. Sexualität muss nicht unbedingt etwas mit Gewalt und Unterordnung zu tun haben. Aber die Sexualität männlicher Vorherrschaft entsteht aus weiblicher Unterordnung und männlicher Dominanz. Diese Sexualität spendet kein pures Vergnügen, sondern ist ein politisches Konstrukt, um die männliche Vorherrschaft aufrechtzuerhalten. Der Unterschied, der in der Sexualität männlicher Vorherrschaft ausgelebt wird, ist der Machtunterschied zwischen Frauen und Männern: Es handelt sich um eine Erotisierung von hie Dominanz und da Hingabe.

Die sexuelle Benutzung von Frauen ist identitätsstiftend für Männer, durch Sex erschaffen sie sich ihre Männlichkeit. Im Geschlechtsakt wird das Machtgefälle zwischen Männern und Frauen nicht nur physisch ausgelebt, sondern auch reproduziert. Unter männlicher Vorherrschaft hat Sex nichts mit dem biologischen Unterschied, aber alles mit dem politischen Unterschied zu tun. Das, was wir heute unter Sex verstehen, ist die Erotisierung von Frauenunterdrückung und Männerherrschaft. In diesem Zusammenhang ist auch die grausame Faszination an Pornographie und Prostitution zu verstehen, die zu Vergewaltigung und anderen Formen sexueller Gewalt gegen Frauen und Kinder führt.

Den Frauen im Westen sagt man, sie hätten die Gleichheit erreicht, oder zumindest die Chancengleichheit. Doch gilt diese Gleichheit nicht in der Sexualität. Im Westen hat sich die Sexualität durch die Fortschritte der Frauen im Kampf um gleiche Rechte nicht wesentlich verändert. Im Gegenteil, durch die globale legale Sexindustrie, deren Fundament die erotisierte Unterordnung von Frauen ist, hat sich die sexualisierte Ungleicheit als Wirtschaftsfaktor in Ländern rund um den Erdball eingenistet und institutionalisiert.

Sex, so argumentieren nicht nur die Pornographen, sondern auch die homosexuellen VertreterInnen der »Queer Theory«, sei nun mal gerade wegen des Machtunterschieds so erotisch, das sei das Wesen der Sexualität. Jene Feministinnen, die seit Jahren gegen Pornographie und Prostitution kämpfen, werden von ihnen als prüde Spielverderberinnen hingestellt. Das zeigt, wie fest auch in diesen Kreisen die Vorstellung verankert ist, dass es keine Sexualität der Gleichheit geben kann. Doch solange es als befriedigend gilt, die Sexualität und sogar die Liebe auf der Lust an weiblicher Ungleichheit zu begründen, wird es keine wirkliche Gleichheit oder Freiheit für Frauen geben.

Schon zu Beginn des 20. Jahrhunderts haben die Frauen sich gegen den entfremdenden und entwürdigenden Sex männlicher Dominanz und weiblicher Unterordnung gewehrt. Eine Methode war die Verweigerung des Geschlechtsakts oder auch schlicht das Desinteresse an dieser Praktik. Daraufhin wurde in den 20er Jahren eine komplette sexologische Industrie von männlichen Ärzten entwickelt, um das »Leiden zu kurieren«, das von manchen Experten schon damals durchaus als politischer Widerstand der Frauen begriffen wurde. Ich habe mich in meiner Arbeit mit den Büchern dieser Sexologen und Sexklempner beschäftigt. Sie haben mit ihren Sexratgebern und Sextherapien unser Verständnis dessen geschaffen, was wir heute unter Sex verstehen.

Als Mitte des Jahrhunderts »Das andere Geschlecht« erschien, waren die Ratschläge der europäischen Frauenärzte und Sexualforscher offen frauenfeindlich. Sie rieten den Frauen, die sexuelle Lust durch die vollständige Selbstaufgabe gegenüber ihren Ehemännern zu erstreben. Eustace Chesser, ein bekannter Sexologe der 40er und 50er Jahre, schreibt, dass so manches junge Mädchen »es unmöglich finden wird, sich im Sexualakt vollständig aufzugeben. Und doch ist die vollständige Selbstaufgabe die einzige Methode, mit der sie sowohl sich als auch ihrem Mann den Gipfel der Lust verschaffen kann«. Und er geht noch weiter und mahnt: »Unterordnung ist nicht dasselbe wie Selbstaufgabe. Viele Frauen ordnen sich zwar unter, bewahren aber tief innen einen Bereich, der sich nicht erobern lässt und der sich entschieden gegen die Selbstaufgabe sperrt.«[1]

Die Sexologen forderten für Frauen ausschließlich »vaginale Orgasmen«, und sie wiesen die Männer an, streng darauf zu achten, dass die Frauen sich während des Geschlechtsakts nicht mitbewegten, um sich durch Reibung klitorale Stimulierung zu verschaffen. Und Frauen hatten ihn mit »freudiger Erwartung« zu begrüßen – offenbar taten sie das noch nicht hinreichend. Auch sollten sie während des Akts Interesse zeigen, aber sich nicht zu viel bewegen, damit der Penis nicht herausrutscht. Es galt als äußerst schwierig für einen Mann, einen einmal herausgerutschten Penis wieder hineinzukriegen, nachdem seine Konzentration gestört war.

Die Sexologen vertraten die Auffassung, dass die so erzeugte Lust Garant dafür war, dass die Frau sich in allen Bereichen ihres Ehelebens ihrem Mann unterordnete. Frauen, die versuchten, den Geschlechtsakt zu vermeiden, wurden beschuldigt, ihre Männer beherrschen zu wollen. Manche Frauen versuchten trickreich, ihre Pflicht zu umgehen, durch Unterordnung im Geschlechtsakt Lust zu empfinden. Ein Therapeut schrieb ein ganzes Buch über die seiner Meinung nach schockierenden, vielfältigen Methoden, mit denen Frauen ihre Männer während des Geschlechtsakts durch demonstrative Passivität aus der Bahn warfen. Darin beschwerte sich ein Ehemann, dass seine Frau während des Akts ihr Buch weiterlas; ein anderer, dass seine Frau sich dabei die Fußnägel lackierte.

20 Jahre später mussten die Sexologen der Nachkriegszeit zumindest ein Lippenbekenntnis an die »Gleichberechtigung« der Frau ablegen, obwohl, wie einer kommentierte, diese »schlecht für das Familienleben« sei. Sie konnten nicht länger fordern, dass

Männer die Gefühle der Frauen völlig ignorieren und ihre Körper als rein passive Masturbationshilfe benutzen durften. Sie änderten also ihre Strategie: Nun sollten die Frauen aktiv ihre Unterordnung unter den Ehemann anstreben und diese durch den Orgasmus ausschließlich im Geschlechtsakt genießen. Das wurde dann »die Sexualität der Frau« genannt. Es handelte sich bei dieser Strategie um die Erotisierung der Hausfrauenrolle.

Wieder 20 Jahre später, in den 60ern und 70ern, gab es im Westen eine so genannte sexuelle Revolution, die seither in die ganze Welt exportiert wurde. Diese sexuelle Revolution jedoch war nichts anderes als die Propagierung des Männerrechts, Frauen sexuell auf jede ihnen genehme Art und Weise zu benutzen, und der Frauenpflicht, nun jeglichen sexuellen Wunsch der Männer zu goutieren. Diese Botschaft der »sexuellen Revolution« wird in dem Buch deutlich, das (im englischsprachigen Raum) als ihr Höhepunkt verstanden wird, in Alex Comforts »The Joy of Sex«. In diesem Buch wird Frauen erzählt, die männliche Sexualität funktioniere so reflexhaft und automatisch »wie das Füttern eines Automaten mit Geldstücken«; während hingegen die weibliche Sexualität flexibel sei, so dass Frauen besonders dafür geeignet seien, männliche Bedürfnisse zu bedienen – indem sie sich zum Beispiel fesseln und wie ein Postpaket verschnüren ließen. Autor Comfort erklärt, dass der Gesichtsausdruck einer gefesselten und geknebelten Frau in dem Augenblick, wo sie merkte, dass sie »nur noch

61

miauen« kann, für die »Vergewaltigerinstinkte der meisten Männer unwiderstehlich« ist.

Das Modell für den Sex der sexuellen Revolution war die Prostitution. Das Forscherteam Masters und Johnson zum Beispiel entwickelte seine Sexualtherapie, die Männern mit Erektionsproblemen helfen sollte, auf der Grundlage von Interviews mit Prostituierten über ihre Dienstleistungen an Männern. Verheirateten Frauen wurde empfohlen, sich daran ein Beispiel zu nehmen. Und Alex Comfort riet Ehefrauen, die Tricks der Prostituierten zu erlernen, wenn sie nicht vorm Scheidungsrichter landen wollten.

In Reaktion auf dieses Sexmodell versuchten Feministinnen in den 60ern und 70ern, ein neues Verständnis der Sexualität zu entwickeln, das mit Gleichberechtigung und Menschenwürde vereinbar ist. Feministinnen kritisierten das männliche Modell des aggressiven, penisorientierten, zielfixierten, penetrierenden, erniedrigenden Sexualakts. Feministische Kampagnen gegen Pornographie bewiesen durch Beispiele aus pornographischem Material, auf welche Weise Pornographie Gewalt gegen Frauen und Frauenhass propagierte.

Die Reaktion darauf erfolgte prompt und kam nicht nur von den Männern. In den 80ern entdeckten einige Frauen – darunter auch Feministinnen und lesbische Aktivistinnen – die männliche Sexindustrie als »sexuelle Befreiung« für Frauen. Sie verteidigten die Pornographie der Männer, weil sie auch Frauen neue Möglichkeiten des Lustgewinns biete. Sodann gründeten einige dieser Frauen eigene Pornofirmen, die die sexuellen Normen der Männerpornographie übernahmen. Die Sexualität der meisten dieser Frauen war durch sexuelle Gewalterfahrungen in der Kindheit und jahrelange sexuelle Ausbeutung geprägt.

Diese »neue« Pornographie, die als weniger entwürdigend als die Männerpornographie verstanden wurde und die den Frauen einen Ausweg zu bieten schien, richtete sich vorwiegend an lesbische Frauen und war stark sadomasochistisch gefärbt. Der heterosexuelle und schwule Sadomasochismus wurde als Fortschritt auch in der Sexindustrie vermarktet und von postmodernen »Queer«-TheoretikerInnen propagiert. Neu daran war die Propagierung sexueller Gewalt auch in lesbischen Beziehungen. Bordellpraktiken wurden als »normal« propagiert, nicht nur in heterosexuellen und in schwulen Beziehungen, sondern auch zwischen Lesben. Die breite Akzeptanz dieser sexuellen Gewalt bis in manche Frauenzirkel hinein macht deutlich, wie schwer es auch für manche Frauen ist, sich eine Sexualität der Freiheit und Gleichheit vorzustellen.

Die Argumente, die der feministischen Kritik an diesen frauenfeindlichen Sexualpraktiken entgegengehalten werden, lassen sich in drei Ideologien unterteilen: Es handelt sich dabei um den liberalen Individualismus, die »Queer Theory« und den Postmodernen Feminismus.

Der liberale Individualismus hat die »sexuelle Revolution« der 70er hervorgebracht. Prostitution,

Sadomasochismus, ja sogar Pädophilie werden mit dem Argument der »Entscheidungsfreiheit« gerechtfertigt: Männer, Frauen und sogar Kinder könnten selbstbestimmt gleichberechtigt über ihre Sexualität verfügen. Doch wie auch die Feministin Suzanne Kappeler aufgezeigt hat, kaschiert diese Ideologie die gesellschaftliche Realität des Machtgefälles zwischen Männern und Frauen und der sexuellen Ausbeutung von Frauen und Kindern. [2]

Die »Queer Theory« wurde von Männern in den 90ern entwickelt, denen es vorrangig um die Interessen homosexueller Männer geht. Diese Theorie zelebriert Sexualpraktiken, die in einem System der Unterdrückung entstanden sind, als befreiend. Prostitution, Sadomasochismus, chirurgische Geschlechtsumwandlungen, Piercing und Selbstverstümmelung (die vorwiegend von jungen Frauen praktiziert wird), ja sogar die Pädophilie, werden als »transgressiv« und zukunftsweisend gerechtfertigt. Auch die Selbstverstümmelung wurde vermarktet und floriert heute in einer wachsenden Zahl von Tattoo- und Piercing-Studios – und es sind hauptsächlich Frauen, die sich schneiden und stechen lassen.

Die »Queer Theory« basiert auf den Ideen der Postmoderne. Der postmoderne Feminismus basiert auf den Ideen einiger unverhüllt frauenfeindlicher französischer Philosophen, vor allem Michel Foucault. Der postmoderne Feminismus der 80er hat drei Thesen hervorgebracht, die die Vision einer Sexualität der Gleichheit erschweren. Erstens: Frauen gibt es gar nicht – was eine grundlegend andere These ist als die von Simone de Beauvoir, dass man nicht als Frau geboren wird. Zweitens: »Gender«, also die soziale Geschlechtszugehörigkeit, ist flexibel und verliert ihre Bedeutung als Kategorie der politischen Unterdrückung. Die traditionelle Rollenaufteilung wird nur noch benutzt, um sexuelle Erregung zu erzeugen. Drittens: So etwas wie Wahrheit oder Sinn gibt es nicht (Die postmoderne Prostitutionsexpertin Shannon Bell: »Die Prostitution hat keinen ihr innewohnenden Sinn.«). [3]

Natürlich hat die Prostitution einen Sinn! Den der sexuellen Dominanz der Männer. Es gibt keine Heerscharen von Männern, die am Straßenrand darauf warten, von Frauen abgeholt zu werden; es gibt keine Männer, die auf Betten und Massagetischen in Bordellen liegen und versuchen, an etwas anderes zu denken, während Frauen Körperteile und Gegenstände in ihre Körperöffnungen pressen etc. etc.

Kürzlich gab ich den Begriff »sexuelle Sklaverei« als Suchbegriff in eine Internet-Suchmaschine ein. Ich recherchierte für einen Beitrag zu einer feministischen Enzyklopädie. Die erste Liste von Webseiten, die auf meinem Bildschirm erschien, erhielt immerhin ein paar Hinweise auf die koreanischen »Trostfrauen«, die vom japanischen Militär im Zweiten Weltkrieg zwangsprostituiert wurden. Alle anderen Webseiten waren Pornoseiten, die Prostituierte als Sexsklavinnen zeigten. Über meinen Bildschirm liefen plötzlich Bildserien nackter Frauen. Diese erscheinen offenbar, sobald ein Suchbegriff die drei Buchstaben »sex« enthält. Die Webseiten über sexuelle Sklaverei sind auf Kosten von Kindern und Frauen als Masturbationsvorlagen für Männer konzipiert. Keine der Seiten zeigt Männer, die zum Vergnügen anderer Männer eingekerkert und gequält werden.

Bei der Recherche stieß ich auf Kambodschas erste Porno-Internetseite. Nach der Begrüßung »Welcome to the Rape Camp« (Willkommen im Vergewaltigungslager) zeigt die Seite nackte, gefesselte Asiatinnen und fordert die »User« (Benutzer) auf: »Erniedrige diese asiatischen Sexsklavinnen nach Herzenslust.« Dan Sandler, der amerikanische Hersteller der Seite, versteht seine Arbeit als legitimes »business«, das die Wirtschaft ankurbeln hilft: »Es gibt in den USA einen großen Markt für asiatische Frauen«, sagte er der Presse. »Wenn ich Erfolg habe, werden andere Jungs meinem Beispiel folgen. Von unseren Einnahmen geben wir immerhin 10% an Steuern ab.« Die drei Frauen auf der Webseite sind laut Sandler gebürtige Vietnamesinnen, denen er je 20 Dollar gezahlt hat. Auf den Protest von Frauen in Kambodscha, die Webseite werde die Gewalt gegen Frauen in ihrem Land fördern, antwortete Sandler: »Meine Webseite könnte eher die Gewalt gegen Frauen in Amerika fördern. Das finde ich gut. Meine Frau hat sich gerade von mir getrennt. Ich hasse Amerikanerinnen.«

In Victoria, dem australischen Bundesstaat, in dem ich lebe, ist die Prostitution eine Großindustrie. Allein in den staatlich registrierten Bordellen missbrauchen wöchentlich etwa 60.000 (von insgesamt dreieinhalb Millionen) Männer prostituierte Frauen. Dazu kommen noch die zahlreichen Rotlichtbars und andere bordellähnliche Einrichtungen, die den Wunsch der Männer nach sexueller Dominanz bedienen. Männer bezahlen, um Frauen Dinge anzutun, die zweifelsfrei als Gewalt verstanden würden, wenn sie in einer nichtsexualisierten Situation vorkämen. Wenn Männer diese Dinge tun, ohne zu bezahlen, nennt man es Gewalt.

In Victoria übersteigt die Zahl der illegalen Bordelle die der legalen; selbst in den legalen Bordellen nimmt die Kinderprostitution zu, und sowohl legale als auch illegale Bordelle halten Asiatinnen und Russinnen durch Verschuldung und Gewalt wie Sklavinnen. Derweil erleben die Straßenprostituierten immer härtere Gewalt. Und inzwischen geht die Porno-Industrie an die Börse – in Deutschland wie in Australien.

Neuerdings berichten gestandene Frauen in Melbourne in unserer Beratungsstelle der »Koalition gegen Frauenhandel« über die Zerstörung langjähriger Ehen, weil die Männer plötzlich zuhause die sexuelle Gewalt praktizieren wollen, die sie aus dem Bordell gewohnt sind. Manche der Frauen verlassen ihre Männer, andere versuchen noch eine Weile vergeblich, ihre Männer zu ändern.

Die Sexindustrie produziert ein riesiges und stetig wachsendes Reservoir an Frauenhass. Sie lehrt Generationen von Jungen und Männern weltweit die sexualisierte Unterdrückung und Brutalisierung von Frauen. Es gibt in der Europäischen Gemeinschaft Bestrebungen, die Legalisierung der Sexindustrie zu vereinheitlichen. Dieser Prozess muss um der Zukunft aller Frauen willen gestoppt werden. Ein Vorbild ist Schweden, wo seit einem Jahr der Erwerb sexueller Dienstleistungen strafbar ist. Erstmals werden dort nicht länger die Prostituierten, sondern die Freier bestraft.

Ob Frauen zuhause oder am Arbeitsplatz eines Tages gleichberechtigte Beziehungen zu Männern wirklich leben können, hängt mit von der Abschaffung sexueller Gewalt gegen Frauen ab und von der Herausbildung einer Sexualität der Gleichberechtigung. Oder, um es mit Simone de Beauvoir zu sagen: von der Erotisierung der Gleichheit (statt des Unterschieds).

Wir müssen wieder darüber nachdenken und darüber diskutieren, wie eine solche gleichberechtigte Sexualität aussehen könnte. Solange wir sie uns nicht einmal vorstellen können, wie sollen wir sie da jemals erlangen?

1) Eustace Chesser: Love and Marriage (1957), London
2) Suzanne Kappeler: The Pornography of Representation (1986), Cambridge/UK
3) Shannon Bell: Reading, Writing and Rewriting the Prostitute Body (1994), Bloomington/Indiana

Kathleen L. Barry, Soziologin, ist eine Aktivistin der Neuen Frauenbewegung. Sie veröffentlichte 1979 eines der ersten Bücher über internationale Prostitution und Frauenhandel. Sie gründete 1983 zusammen mit anderen die »Coalition Against Trafficking in Women« und beriet die UN in sexualpolitischen Fragen. Zur Zeit arbeitet Barry an einer Studie über die Auswirkungen der politischen Konflikte in Irland auf drei Frauengenerationen.

DIE WELTWEITE SEXUELLE AUSBEUTUNG

Kathleen Barry

Es geht bei der Prostitution um die Benutzung des weiblichen Körpers durch Männer – immer durch Männer – zur Befriedigung ihrer Bedürfnisse. Prostitution ist eine Grundlage ihrer Macht. Es ist dieselbe Praktik, die auch der häuslichen Gewalt, dem sexuellen Missbrauch von Kindern, der sexuellen Belästigung am Arbeitsplatz zugrunde liegt – in der Realität wie auch in der Fiktion.

Prostitution ist Männersache, nicht Frauensache. Frauen sind nur das, was Männer kaufen. Ob Frauen das wollen oder nicht, spielt marktwirtschaftlich gesehen keine entscheidende Rolle: Die Männer kaufen, und sie erwarten für ihr Geld die breite Produktpalette, die sie auch bei anderen Märkten gewohnt sind.

Während ein kommunistisches Land nach dem anderen fiel, konnten wir beobachten, wie sich riesige neue Prostitutionsmärkte öffneten. Zu diesen Frauen hatten die Westmänner bisher keinen Zugang. Da immer größere Teile der Welt dem Westen zugänglich werden, werden immer mehr Frauen verschiedener Kulturen und Hautfarben als neue Märkte »erschlossen« und sexuell ausgebeutet. Wo immer Frauen heute Fortschritte machen – am Arbeitsplatz, in der Politik, in der Sexualität – erleben wir zugleich ein

Anwachsen und eine Normalisierung der sexuellen Ausbeutung.

Mitte der 70er Jahre, als ich mein Buch über die »Sexuelle Versklavung von Frauen« schrieb, befürchtete ich, dass die sexuelle Sklavenarbeit möglicherweise eine weltweit gesellschaftlich akzeptierte Form der Arbeit für Frauen werden könnte. Ich konnte mir damals nicht vorstellen, dass die sexuelle Sklaverei die Norm für sexuelles Verhalten an sich werden würde. Die Prostituierung der Sexualität findet nicht nur im Bordell statt – sie ist ein entscheidendes Mittel zur Unterdrückung aller Frauen. Heute ist es so weit. Wir müssen darum unser Vorgehen ändern: Als Verursacher der Prostitution dürfen wir nicht länger nur die Männer ins Visier nehmen, die Frauen verkaufen; sondern müssen auch die Männer, die Sex kaufen, angehen. Das sind dieselben Männer, die Frauen belästigen und vergewaltigen (ob in oder außerhalb der Ehe): die Männer, die Sex als Ware begreifen.

In den 90er Jahren bildete sich die globale Marktwirtschaft heraus. Wir müssen heute darum auch die sexuelle Ausbeutung der Frauen unter dem Aspekt der Globalisierung betrachten: nämlich die Ausdehnung der Prostituierung von Sexualität durch die West-Männer zu einem globalen Sexmarkt. Die westliche Hegemonie wird auch durch die immer mächtiger werdende Sexindustrie in die Entwicklungsländer exportiert. Anfangs war sie nur Dienstleistung für westliche Männer; dann zogen die einheimischen Männer nach. Sie bereichern sich auf dem Sexmarkt und zementieren zugleich die Unterdrückung ihrer eigenen Frauen.

Im Jahr 1991 initiierte ich darum als Direktorin der »Koalition gegen Frauenhandel« (eine Nichtregierungsorganisation, die Beraterstatus beim UNO-Rat für Wirtschaft und Soziales hat) zusammen mit Wassyla Tamzali von der UNESCO eine internationale Arbeitsgruppe gegen Prostitution und Frauenhandel. Angesichts der neuen Dimension globaler sexueller Ausbeutung von Frauen und Kindern wollten wir die »UNO-Konvention zur Verhinderung des Menschenhandels und der Ausbeutung anderer durch Prostitution«, die aus dem Jahr 1949 stammte, neu unter die Lupe nehmen. Wir kamen zu dem Ergebnis, dass die bestehende Konvention untauglich ist zur Ahndung oder gar Verhinderung der Menschenrechtsverletzungen an Frauen durch Prostitution, Pornographie und alle anderen Formen sexueller Ausbeutung und Gewalt.

Wir wandten uns an Frauenorganisationen in der ganzen Welt, von denen sich viele an der Ausarbeitung neuer Konventionen beteiligten. In die Endfassung flossen die Erfahrungen aus dem Alltag der Frauen aus Asien, Lateinamerika, Europa und Nordamerika ein. Die neue »Konvention gegen sexuelle Ausbeutung« richtet sich gegen die sexuelle Ausbeutung aller Menschen. Die Käufer sind immer Männer, die Ware nicht nur Frauen: Männer kaufen Frauen und Mädchen, aber auch Jungen und manchmal sogar andere Männer.

In unserer neuen Konvention stellten wir fest, dass der Kauf von Sex dazu dient, jemanden nach der Definition von Simone de Beauvoir zum »Anderen« zu machen, dass er zur Macht über diesen »Anderen« führt und Ausbeutung ist. Darum muss das Recht auf ein Leben frei von sexueller Ausbeutung von den Vereinten Nationen zu einem Menschenrecht erklärt werden.

Dieser Entwurf einer »UNO-Konvention gegen sexuelle Ausbeutung« wurde 1994 dem UNO-Generalsekretär mit der Aufforderung zugeleitet, die UNO-Vollversammlung möge die Konvention offiziell übernehmen – das ist bis heute nicht geschehen.

Neu an der Konvention ist vor allem die Definition sexueller Ausbeutung, die klarmacht, dass die »sexuelle Ausbeutung jeder einzelnen Frau die sexuelle Erniedrigung aller Frauen bedeutet«. Diese sexuelle Erniedrigung beeinträchtig alle Frauen in ihrem Menschenrecht auf freie Wahl des Aufenthaltsorts (Mobilität), bedroht ihre Sicherheit und schafft so die Grundlage für sexuellen Terrorismus. Daher verletzt die sexuelle Ausbeutung einzelner Frauen die menschliche Würde und das Recht auf Gleichberechtigung aller Frauen. Die Definition wurde von der englischen Juristin Professor Susan Edwards von der University of Buckingham ausgearbeitet.

Die Konvention benennt die folgenden Formen sexueller Ausbeutung als Verletzung der Menschenrechte: die Verhinderung weiblichen Lebens durch systematische Abtreibung weiblicher Föten und Tötung weiblicher Säuglinge nach der Geburt; die Ermordung von Frauen aufgrund ihres Geschlechts, einschließlich der Ermordung von Ehefrauen und Witwen; häusliche Gewalt; Pornographie; Prostitution; genitale Verstümmelung von Mädchen und Frauen; Einsperren oder Abschottung von Frauen im Haus; Brautgeld; sexuelle Belästigung; Vergewaltigung; Inzest und sexueller Missbrauch; Folter, einschließlich sadistischer und verstümmelnder Praktiken.

Schon die UNO-Konvention von 1949 stellt fest, dass »Prostitution unvereinbar mit der Menschenwürde« sei, gibt aber den Frauen die alleinige »Schuld« daran. Die neue Konvention sieht die Männer als Verursacher, nach ihr gibt es kein »Recht auf Prostitution«. Sie lehnt auch die Unterscheidung zwischen »freiwilliger« und »Zwangs«-Prostitution als Legitimierung der Prostitution ab und definiert den Akt der Prostitution als die Benutzung des Körpers einer Frau als Ware, die gekauft und verkauft wird.

Die globale Industrialisierung der Prostitution ist die Folge einer frauenfeindlichen Wirtschafts- und Entwicklungspolitik als auch Grundlage einer inoffiziellen Wirtschaftsentwicklung in manchen Regionen. Die Konvention fordert die Mitgliedsstaaten auf, einer Politik entgegenzutreten, die Frauen in sexuelle Ausbeutungsverhältnisse drängt und sie ihrer traditionellen wirtschaftlichen Basis beraubt, ohne menschenwürdigen Ersatz zu schaffen. Sie ruft die Mitgliedsstaaten auf, die Sexkäufer zu bestrafen, nicht die Prostituierten.

Die neue Konvention stellt fest, dass sexuelle Ausbeutung zur psychischen und physischen Schädigung der Opfer führt und fordert die Mitgliedsstaaten auf, Zentren zu gründen, die Prostituierten auf freiwilliger und vertraulicher Basis medizinische Betreuung, Drogenberatung, gesundheitliche Rehabilitierungsmaßnahmen, Kindertagesplätze, Wohnungen, Sozialhilfe, Umschulungen und berufliche Starthilfe vermitteln. Diese Zentren sollen auch allen anderen Opfern sexueller Ausbeutung zur Verfügung stehen.

Warum wurde die »Konvention gegen sexuelle Ausbeutung« bisher nicht einmal in der UNO-Vollversammlung diskutiert? Im Gegenteil: Die UNO-Weltgesundheitsorganisation (WHO) hat einen Vertreter der Pro-Prostitutionslobby zum Leiter des WHO-Projekts Prostitution und AIDS gemacht, das sich – wen wundert es? – auf die Verteilung von Kondomen an Prostituierte beschränkt und damit im Endeffekt die Prostitution fördert. Und auf der Tagung der Europäischen Union zum Thema Prostitution konnte Holland sich mit seiner Pro-Prostitutionspolitik als Modell für die EU durchsetzen. Prostitution gilt dort nicht nur als legal, sondern sogar als ein »Menschenrecht« für Frauen und wird zur »sexuellen Freiheit« erklärt. Holland kämpft darum, das »Recht auf Prostitution« zum Modell für die Europäische Union zu machen.

Ein wachsender Teil der Prostituierten in den Niederlanden und in vielen anderen Ländern Europas und Amerikas sind heute Einwanderinnen aus den

Entwicklungsländern und zunehmend auch aus Osteuropa. Diese Frauen, die entweder schon im eigenen Land gekidnappt und exportiert wurden oder auf eigene Faust ausgewandert waren, um der Unterdrückung dort zu entkommen, landen im Westen auf der niedrigsten Stufe der Prostitution. Um in den Begriffen des Markts zu sprechen: Sie sind die billigsten Sexarbeiterinnen. Darum gelten sie auf den etablierten westlichen Sexmärkten als Konkurrenz, die bekämpft werden muss, damit die Sexindustrie weiterhin die Preise bestimmen kann.

Den HolländerInnen, die für das »Menschenrecht« der Einwanderinnen auf Prostituierung kämpfen und die im Gewand der Ausländerfreundlichkeit und des Antirassismus daherkommen, mag dieser Hintergrund nicht immer klar sein. Die Frauenorganisationen der »Dritten Welt« aber legen keinen Wert auf ein »Recht auf Prostitution«; im Gegenteil: Sie halten ihre Zwangsverschleppung in die westliche Prostitution für eine Verletzung ihrer Menschenrechte.

Holland hat inzwischen sogar neue Maßstäbe in der Entwicklungshilfe durchgesetzt, wie ich kürzlich in Vietnam feststellen konnte. Dort hat die Regierung inzwischen unsere »Konvention gegen sexuelle Ausbeutung« übernommen. Nur fehlt es an Mitteln für Maßnahmen gegen sexuelle Gewalt. Hier sprangen die Holländer hilfreich ein: Sie finanzieren Kurse für vietnamesische Prostituierte, in denen die Frauen lernen, ihren Kunden Präservative überzuziehen, als Schutz vor Aids.

Prostitution ist Männersache. Also ist die Abschaffung der Prostitution im Prinzip ganz einfach: Legen wir den Männern das Handwerk! Bisher suchten viele von uns die Lösung bei uns Frauen. Wir dachten, es ginge darum, irgendwie zu erreichen, dass die Frauen aussteigen. Wir dachten, wir müssten es nur schaffen, den Frauen klarzumachen, dass es doch ihr freier Wille sei, sich für oder gegen die Prostitution zu entscheiden, und dann gebe es ganz von selbst keine Prostitution mehr: Tut es einfach nicht mehr! Dabei würde es uns doch im Fall häuslicher Gewalt doch auch nicht einfallen, einer Frau, die vor der Gewalt ihres Ehemanns ins Frauenhaus floh und nun – weil er droht, sie umzubringen – lieber zurückgeht, als auf der Straße von ihm erstochen zu werden, zu erzählen: »Du bist doch gar nicht unterdrückt, du bist doch freiwillig zu deinem Schläger zurückgekehrt!«

Das Schlagwort vom »freien Willen« ist in der Debatte über Prostitution und Pornographie kein Menschenrechtsbegriff, sondern eine kapitalistische Marktkategorie. Wenn wir die Prostitution ganz einfach als einen von Männern für Männer geschaffenen Markt betrachten, erkennen wir, dass es eine einfache Lösung zur Abschaffung dieses Markts gibt: die Bestrafung der Käufer. Gefängnisstrafen für die Sexkäufer, dadurch Austrocknung des Markts bei gleichzeitigem Aufbau umfassender Frauenförderprogramme, sowohl zur psychologischen Betreuung wie auch zur Arbeitsbeschaffung.

Denn eines ist offensichtlich: Prostituierte stellen auf der ganzen Welt ein riesiges Reserveheer an weiblichen Arbeitskräften dar, für das weder Wirtschaft noch Regierung aufkommen müssen: keine Arbeitsbeschaffung, kein Arbeitslosengeld, keine Sozialhilfe. Ich spreche hier von Millionen von Frauen – einer Million in Thailand, mehrerer Millionen in Vietnam, um nur zwei Länder zu nennen.

Die sexuelle Ausbeutung ist die Methode, mit der Männer Frauen zum »anderen Geschlecht« machen. Und die Objektivierung des Gegenübers zum Anderen, zur Anderen ist der erste Schritt zur Entwürdigung des Anderen. Dass dies nicht länger via Sex geschieht – das ist die Herausforderung des kommenden Jahrhunderts, wenn wir nicht noch ein weiteres Millenium damit leben wollen!

Als in den 70ern mein Buch gegen die »Sexuelle Versklavung von Frauen« erschien, wurde ich von so manchem Mann mit dem väterlichen Kommentar beschieden: »Eine nette Idee, aber undurchführbar.« Selbst meinen Mitstreiterinnen in der »Koalition gegen sexuelle Ausbeutung« fiel es manchmal schwer, an die Abschaffung der Prostitution zu glauben.

Doch gab es sehr bald, noch vor Ende des 20. Jahrhunderts, erste Erfolge zu vermelden: Die japanische Regierung hat am 1. November 1999 die »Konvention gegen sexuelle Ausbeutung« als Gesetz übernommen. Natürlich gibt es dabei einen Haken: Das Gesetz gilt nur für die sexuelle Ausbeutung von Mädchen unter 18. Dennoch ist es bahnbrechend: Auf die sexuelle

Ausbeutung von Mädchen unter 18 steht ab sofort Gefängnisstrafe, nicht nur für Zuhälter, sondern auch für die japanischen Freier, auch außerhalb der Landesgrenzen.

Schweden hatte schon vorher ein neues Anti-Prostitutions-Gesetz auf der Grundlage der »Konvention gegen sexuelle Ausbeutung« formuliert. Und es war der schwedische König persönlich, der sich mit dem japanischen UNICEF-Komitee zusammensetzte, um ihm die Konvention zu erläutern. Sowohl Schweden als auch Japan haben die Konvention mit Blick auf die spezifischen Bedingungen in ihrem jeweiligen Land modifiziert. Die vietnamesische Regierung hat die Konvention im vollen Wortlaut unverändert als Gesetz übernommen. Dieses Lippenbekenntnis gegen Prostitution ist ein Anfang.

Ohne Beschränkung auf die Altersgrenze 18 wäre das japanische Gesetz gar nicht durchgekommen. Doch damit haben die japanischen Frauen immerhin einen Fuß in der Tür. Japanische Teenager werden zu Tausenden mit gefälschten Ausweisen auf den Strich geschickt, wie in anderen Ländern auch. Die Männer wollen möglichst junge »Frauen« kaufen, denn heutzutage gilt eine 20-jährige Prostituierte schon als verbraucht, als wertlos gewordene Ware. Doch wie kann es sein, dass es gegen die Menschenrechte einer 17-jährigen verstößt, sie für sexuelle Dienstleistungen zu benutzen, und ein paar Monate später verstößt dieselbe Tat nicht mehr gegen ihre Menschenrechte? Dasselbe gilt für die Pornographie: Auch hier kämpfen wir Feministinnen dafür, dass für Kinder, Jugendliche und Frauen dasselbe Recht gelten muss.

In Schweden bedroht das Gesetz unabhängig vom Alter der Frau jeden Freier für den Kauf sexueller Dienstleistungen mit Strafe. Auch im Ausland.

Eine Welt ohne Prostitution ... Sich diese Welt vorzustellen ist für uns offenbar so schwierig, wie es um 1820 in Amerika war, sich eine Welt ohne Sklaverei vorzustellen. Auf dem Höhepunkt der Sklavenausbeutung war es außer für einige wenige Menschen völlig unvorstellbar, dass die Sklaverei jemals abgeschafft werden könnte. Nur eine Hand voll kämpferischer, entschlossener Abolitionisten – viele von ihnen waren Feministinnen – weigerten sich, die herrschende Ideologie zu akzeptieren: dass es die Sklaverei schon immer gegeben habe und immer geben würde.

Doch nur 100 Jahre später wurde die »Internationale Konvention gegen Sklaverei« im Jahr 1927 in Kraft gesetzt, mit der »festen Absicht, dem Handel mit afrikanischen Sklaven ein Ende zu setzen und baldmöglichst die völlige Abschaffung der Sklaverei in allen ihren Formen zu erreichen«, wie es in der Präambel der Konvention heißt.

Auch erinnere ich mich gut an die Stimmung in den USA, als die ersten lesbischen Paare für das gemeinsame Sorgerecht für ihre Kinder kämpften. Damals glaubte niemand daran, dass dies einmal Wirklichkeit werden würde. Die ersten Doppelmütter wurden übelst verleumdet. Doch es gingen immer wieder neue Frauenpaare vor Gericht – und siehe da, in einigen Staaten wurden bereits die Gesetze geändert.

Sich eine Welt ohne Prostitution vorzustellen heißt, die Abschaffung der sexuellen Ausbeutung aller Frauen für möglich zu halten. Sicher, Gesetze können das eigene verantwortliche Handeln nicht ersetzen, doch sie sind ein wichtiger Teil unserer Strategie, gesellschaftliche Normen zu setzen. Prostitution macht alle Frauen verletzlich, setzt sie Gefahren aus, gibt sie sexuellen Angriffen frei. Verletzlich sein bedeutet per Definition »seelisch oder körperlich als mögliches Objekt eines drohenden Übergriffs dienen«.

Doch wird es uns nur dann gelingen, die Prostitution abzuschaffen, wenn wir aus den Prostituierten nicht länger die »Anderen« machen und andere Regeln für sie aufstellen, als wir sie für uns selbst in Anspruch nehmen. So wie wir selbst das Recht haben wollen, frei von sexueller Ausbeutung zu leben, so können wir sicher sein, dass dies auch die Sehnsucht der Prostituierten wäre – hätten sie je eine wirklich freie Wahl ihrer Lebensumstände gehabt. Wir alle wollen freie Menschen sein.

Slavenka Drakulic ist Kroatin und eine der Initiatorinnen der »Gruppe 99«, »ein Intellektuellen-Netzwerk gegen den Nationalismus in den Balkanländern«. Zentrale Themen ihrer Bücher sind: Krieg und Liebe, die äußere und innere Gewalt zwischen Völkern und Geschlechtern. Drakulic arbeitet als Korrespondentin amerikanischer Zeitschriften und ist seit sechs Jahren mit einem Schweden verheiratet. Sie lebt halb in Stockholm und halb in Zagreb. Sie hat eine Tochter.

ÜBER VERGEWALTIGUNG IM KRIEG SCHREIBEN

Slavenka Drakulic

Ich will an etwas erinnern, das leider wenig Anlass zu Optimismus gibt. Ich will über die Frauen sprechen, die Opfer von Männergewalt wurden, und, was noch viel schlimmer ist, die darüber schweigen. Es sind die Opfer der Massenvergewaltigungen im Krieg. Ich spreche von den Massenvergewaltigungen, die 1992 und 1993 in Bosnien und im Frühjahr 1999 auch im Kosovo stattfanden. Wir könnten auch über Ruanda sprechen. Doch heute spreche ich von den Massenvergewaltigungen in Bosnien. Ich habe einen Roman darüber geschrieben und möchte erzählen, wie es dazu kam.

In Bosnien wurden Frauen systematisch vergewaltigt, als Teil eines Programms der »ethnischen Säuberung«. Das unterscheidet die Massenvergewaltigungen in Bosnien von anderen Vergewaltigungen im Krieg. In jedem Krieg werden Frauen vergewaltigt, aber nicht in jedem Krieg geschieht dies so systematisch, wie es in Bosnien geschah. Als ich erstmals vom Ausmaß dieser Massenvergewaltigungen in Bosnien erfuhr, war ich so schockiert, dass ich es zuerst nicht glauben konnte. Ich schrieb es in einem EMMA-Artikel, wegen dem ich später in meinem eigenen Land Schwierigkeiten bekam.

Seit sieben Jahren lässt mich das Thema nicht mehr los. Ich habe lange darüber nachgedacht und bin zu dem Schluss gekommen, dass die systematische Massenvergewaltigung als politisches Mittel zur »ethnischen Säuberung« aus Sicht der Täter etwas Naheliegendes ist. Was ist das effektivste Mittel, um einen beträchtlichen Teil der Bevölkerung aus einer Region zu entfernen, um sie ethnisch zu »säubern«? Man kann nicht einfach zwei Millionen Menschen umbringen. Das ist so gut wie unmöglich, zumindest heutzutage in Europa. Also macht man diesen Menschen Angst. Vergewaltigung ist, wie wir seit Susan Brownmillers Analyse der Funktion von Vergewaltigung als Herrschaftssicherung wissen, das effektivste Mittel, um Menschen Angst einzujagen und sie zu demütigen.

Massenvergewaltigung ist also ein äußerst effektives politisches Instrument. Es wurde in Bosnien in die Tat umgesetzt. Vor den Augen des ganzen Dorfs. Vor den Augen der Mütter, der Väter, der Kinder. Das Entscheidende an Massenvergewaltigungen ist, dass sie öffentlich durchgeführt werden. In Bosnien kam noch etwas hinzu: Es wurde nach Plan vergewaltigt. Die ersten Opfer, an denen dieser Plan ausprobiert wurde, waren kroatische Frauen, die Serben hatten den Nordosten Kroatiens besetzt. Die Hauptopfer waren die Bosnierinnen und die Kosovarinnen. Die Täter waren durchweg serbische Militärs und Paramilitärs. Die geplante Wirkung trat ein: Die Opfer und ihre Familien verstanden die Machtdemonstration –

denn es handelte sich um eine politische, nicht etwa um Sex – und machten sich auf die Flucht.

Ich erinnere mich klar und deutlich an meine allererste Begegnung mit einem Vergewaltigungsopfer. Man hatte mich beauftragt, ein Interview mit der Frau zu machen. Ich bin gelernte Journalistin, es war mein Job. Ich fuhr hin, sie hatte dem Interview zugestimmt. Sie war eine gebildete Städterin, sie wollte ihre Vergewaltigung öffentlich machen, um die Täter zu entlarven. Es war ihr auch klar, sie würde reden müssen, um dies zu erreichen. Das war sehr, sehr schwer für sie. Aber es war auch schwer für mich. Denn mein Job war es, sie nach etwas zu fragen, das sie eigentlich nicht sagen wollte, wie mir im Verlauf des Gesprächs immer deutlicher wurde.

Mich überkam ein starkes Gefühl der Scham und Schuld: Sie war tapfer und mutig, aber was war ich? Ich wollte sie dazu drängen, mir zu erzählen, wie es ist, öffentlich und von mehreren Männern vergewaltigt zu werden, und gleichzeitig merkte ich, wie schwierig das für sie war. Zumindest dachte ich damals, dass ich ihre Schwierigkeiten verstand. Erst viel später begriff ich, dass ich nichts verstanden hatte.

Nach diesem ersten Gespräch begann ich über die Rolle und Präsenz der Medien im Fall von Massenvergewaltigungen im Krieg nachzudenken. Das ist eine zweischneidige Sache. Einerseits hätten wir das wahre Ausmaß der Flüchtlingsverfolgung und Massenvergewaltigungen ohne die starke Medienpräsenz nicht erfahren – der Bosnienkrieg war der Krieg des 20. Jahrhunderts, über den die Medien am umfassendsten berichteten. Die Menschen starben direkt vor den Fernsehkameras, während CNN-Kriegsreporterin Christine Ananpour live aus Bosnien berichtete.

Vergleichen wir unser Wissen über die Massenvergewaltigungen in Bosnien mit dem, was wir über die Vergewaltigung deutscher Frauen durch russische Soldaten im Zweiten Weltkrieg wissen. Wie viel Jahrzehnte hat es gedauert, bis wir davon erfahren haben? Und wir wissen sicher längst nicht alles, was deutschen Frauen passierte. Ohne die Medien wüssten wir also nur wenig vom Ausmaß der Gewalt gegen Frauen in Bosnien, und wir könnten ihnen jetzt nicht helfen. Sie haben Hilfe erhalten, aber sie werden diese Hilfe noch lange weiter brauchen. Doch die Berichte in den Medien haben noch mehr erreicht: Die Täter werden angezeigt und vor den Internationalen Gerichtshof in Den Haag gebracht, weil Vergewaltigung seit dem Bosnienkrieg erstmals offiziell als Kriegsverbrechen geahndet wird. Dies ist ein großer Erfolg. Wenn also diese Frau nicht bereit gewesen wäre, mit mir zu sprechen, und wenn ich nicht versucht hätte, etwas aus ihr herauszubekommen, gäbe es kein Zeugnis über das Verbrechen, das ihr angetan wurde.

Dabei war es oft furchtbar, wie die Medien mit den Vergewaltigungsopfern umgingen. Wir haben alle solche Berichte im Fernsehen gesehen, bei denen die Kameraleute frontal auf die Gesichter der vergewaltigten Frauen hielten und die Reporter sogar Vor- und

Nachnamen der Opfer nannten. Ich erinnere mich an ein 13-jähriges Mädchen, das so vorgeführt wurde. Diese Journalisten verletzen auf diese Weise ein zweites Mal die Würde der Opfer; manche fragten vor laufender Kamera auf eine Art und Weise nach Details, die man pornographisch nennen muss. Wo bleibt hier die Moral der Journalisten?

Doch bei meinem ersten Interview fühlte ich mich frustriert und hilflos. Mir wurde klar, dass es mir nicht möglich sein würde, den Schmerz dieser Frau mit journalistischen Mitteln zu erfassen, zu beschreiben und zu vermitteln. Sie saß scheinbar unbeteiligt da und schwieg. Wenn sie sprach, war ihre Stimme so leise, dass ich sie kaum verstand. Ihre Hände waren nervös. Sie sah mich nicht an, sondern blickte an mir vorbei. Ihre ganze Körperhaltung signalisierte Schmerz. Und Scham. Und Angst. Ich saß ihr als Journalistin gegenüber und fragte nach Fakten. Als Antwort erhielt ich Signale, die ich nicht deuten konnte. Ihr Schmerz und ihr Trauma lagen nicht in dem, was sie mir sagte, sondern ganz offenbar in dem, was sie mir nicht sagte.

Ihre Angst und ihr Schmerz lagen nicht in ihren Worten, sondern in der Tonlosigkeit ihrer Stimme, in den Pausen zwischen den Sätzen. Es gelang mir nicht, dorthin vorzudringen. Für mich als Journalistin war das frustrierend: Wenn sie mir über die Vergewaltigung nichts weiter erzählte, als dass sie stattgefunden hatte, was könnte ich dann den LeserInnen darüber berichten? Heute gilt die Devise: Information ist alles. Doch Information ist zugleich nichts. Man liest in der Zeitung, dass 60.000 Frauen vergewaltigt wurden – und man weiß nichts, aber auch gar nichts über auch nur ein einziges der Opfer. Eine solche Information vermittelt nicht den Schmerz. Deshalb meine Frustration. Was sollte ich tun?

Dass die Massenvergewaltigungen stattgefunden hatten, war als unbestreitbare Tatsache aufgedeckt worden. Bevor ich begann, ein Buch darüber zu schreiben, unterhielt ich mich mit einigen Journalisten, einer war Chefredakteur. Sie waren sich einig: »Was willst du denn noch schreiben? Über die Massenvergewaltigungen wissen wir doch schon alles.« Nein. Wir wissen viel, aber das heißt nicht, dass wir es auch begreifen.

Ich nahm mir also vor, weitere Aussagen von Frauen über ihre Vergewaltigung zu sammeln und diese gesammelten Dokumente als Buch über die Massenvergewaltigungen zu veröffentlichen. Mit meinem Buch wollte ich die Menschen aufrütteln und ihnen vermitteln, was diesen Frauen angetan wurde. Die Sammlung der Aussagen war das Schrecklichste, was ich je erlebt habe. Ich hatte schon einige zusammen und begann, sie durchzulesen. Je mehr ich las, umso mehr erkannte ich die schreckliche Wahrheit: Die Aussagen der Frauen waren monoton, sie wiederholten sich: »Und dann brachten sie mich in das Zimmer. Und dann haben fünf von ihnen das mit mir gemacht.« Nach der vierten Aussage dieser Art liest man nicht mehr weiter. Wenn ich den Frauen gegenübersaß, wollten sie sprechen, fingen dann an zu weinen, und sagten: »Ich kann nicht.«

Als Journalistin hatte ich das erste Mal das Gefühl, vor die Wand zu laufen. Ich merkte, dass ich mit meiner Arbeit nichts erreichte und gab auf. Sie schien mir sinnlos zu sein. Wenn die Texte mich selbst nach dreimaligem Lesen nicht bewegen konnten, wie konnte dann ich mit einem solchen Buch die LeserInnen bewegen?

Ich fing an, mich in die Fachliteratur über Traumata einzulesen. Anhand dieser Bücher lernte ich, warum die Frauen nicht sprachen: Trauma-Opfer sprechen nicht. Das ist bei allen Traumata gleich, egal, ob es sich um die Überlebenden von Bombenangriffen, sexuellem Missbrauch oder Vergewaltigung handelt. Schweigen ist das Symptom für ein Trauma, Sprechen ein Zeichen für die beginnende Heilung. Diese Heilung kann Jahre dauern, es kann sogar Jahrzehnte dauern, bis Überlebende über das sprechen können, was mit ihnen geschehen ist.

Darum geht es: Vergewaltigungsopfer können nicht sprechen. Und wenn sie das Glück haben, Hilfe zu bekommen, haben sie einen langen Heilungsprozess vor sich. Daher waren selbst Frauen, die mit mir sprechen wollten, nicht dazu in der Lage, und aus gutem Grund. In jeder Sprache der Welt gibt es einen Ausdruck für das »Unaussprechliche«, das geschehen ist. Sie haben es versucht, aber sie konnten das Unaussprechliche nicht aussprechen. Nun erst verstand ich, was mich als Journalistin so frustriert hatte: Wie erreicht man bei einem Menschen das Unaussprechliche? Gar nicht.

Doch jemand muss berichten, was geschehen ist. Jemand muss die Menschen mit diesem Bericht erreichen. Jemand muss das Unaussprechliche dokumentieren, damit es nicht vergessen wird, damit es nicht verloren geht. Das ist, was zählt. Wer dokumentiert dieses Schweigen der Frauen, damit es nicht vergessen wird? Wenn wir bedenken, dass diese Massenvergewaltigungen vor sieben Jahren in Bosnien und vor sechs Monaten im Kosovo noch gar nicht lange zurückliegen, ist es erschreckend, dass niemand mehr darüber schreibt oder spricht.

1992/93 waren diese Verbrechen noch das Medienthema Nummer 1, aber schon jetzt geraten sie in Vergessenheit. Was bleibt, sind mehrere Bände mit Dokumenten, zum Beispiel die Untersuchungsergebnisse des Internationalen Gerichtshofs in Den Haag, oder Aussagen, die damals von den Medien gesammelt wurden. Doch diese Dokumente verschwinden in den Schubladen und erreichen die Öffentlichkeit nicht mehr. Das Schweigen hat begonnen. Über das Thema Massenvergewaltigung gibt es so gut wie keine Bücher. Niemand will sprechen, und niemand will zuhören. Es gibt ein großes Schweigen.

Dieses Schweigen schützt nicht nur die Opfer. Es schützt auch die Täter. Was können wir tun? Ich habe einen Roman darüber geschrieben. Mein Motiv war kein moralisches – um die Welt zu verbessern, schreibt man keinen Roman. Ich schrieb diesen Roman wegen der Frau, von der ich anfangs erzählte: das erste Vergewaltigungsopfer, dem ich begegnete. Ich habe versucht, durch mein Buch diese eine Frau in ihrem Schmerz zu erreichen, ihr die Hand zu geben. Ich hoffe, dass es den LeserInnen gelingt, durch meine Worte zu ihrem Schmerz vorzudringen.

Vielleicht können wir sie dann besser verstehen. Und vielleicht schämen wir uns etwas weniger, wenn wir das nächste Mal einem Opfer begegnen. Sprechen und schreiben wir also gegen das Schweigen.

Marlene Streeruwitz, Schriftstellerin, wurde zunächst bekannt durch ihre Theaterstücke (»New York, New York« oder »Waikiki Beach«). Ihr erster Roman, »Verführungen«, erschien 1996. In die feministische Debatte mischt die Schriftstellerin sich seit 1997 auch direkt ein. Streeruwitz kam 1950 in Baden bei Wien zur Welt und promovierte mit einer Arbeit über die »strukturale Dramentheorie«. Nach der Scheidung schlug sie sich als allein erziehende Mutter von zwei Töchtern mit Jobs als Sekretärin, Werbetexterin und Journalistin durch.

SELBST. HASS. SELBST

Marlene Streeruwitz

Ich hatte vor einer Woche eine Lesung in Würzburg zu halten. Ich kam in die Buchhandlung. Stellte mich einer der zwei Frauen an der Kasse vor. Die Geschäftsführerin würde geholt werden. Ich solle mich gedulden. Wurde mir gesagt. Die beiden Frauen kassierten weiter. Ich stand da und wartete. Die beiden Frauen kassierten. Ich wartete. Befand mich in einer dieser Situationen, von denen ich immer vermutete, dass sie für einen Autor anders ausgingen. Als für die Autorin. Die Geschäftsführerin würde gleich geholt werden.

Ich stand also mit dieser angelernten Geduld da, die all diese Wartesituationen in Restaurants, Büros, Arztpraxen, Schulen und Boutiquen bewältigen helfen muss. In all diesen Wartesituationen, in denen frau von Frauen in sekundären Positionen darauf hingewiesen wird, auch nur sekundär zu sein. Eine Frau eben. Und in meinem Fall dann auch noch eine nicht mehr junge Frau.

Jedes Mal sage ich mir in diesen Situationen zuerst einmal, dass es nicht so sei. Wie ich es sähe. Dass ich Verfolgungswahn hätte. Die weibliche Form des Verfolgungswahns. Die weibliche Form des Verfolgungswahns einer Frau meines Alters. Einen Nicht-Verfolgungswahn. Die Vorstellung also, nicht mehr gesehen zu werden. Von der Nicht-Verfolgung verfolgt zu werden.

Ich stand da. Die Frauen an der Kasse kassierten. Rund um mich Bücherwühltische. Ein Mann kommt von der Straße in das Geschäft. Stürzt herein. Er ist etwas abgerissen. Nicht rasiert. Er greift nach einem der Bücher auf dem Bücherwühltisch rechts. Es liegen Bildbände da. Er greift nach einem Band Araki Fotografien. Nackte Frauen. Gefesselt. Geknebelt. In Bäume hinaufgebunden. In Ecken gedrückt. Das Sujet ist bekannt. Der Mann blättert den Bildband durch. Von hinten nach vorne. Lässt die Seiten langsam zurücksinken. Sieht ein Bild länger an. Lässt das Buch zuklappen. Schiebt es weg. Der Blick schon auf dem nächsten Buch. Er geht dann aber. Er dreht sich zur Tür. Geht hinaus. Gemessen. Als wäre er gesättigt.

Ich sage zu der Frau an der Kasse, ich ginge einen Kaffee trinken. Käme dann wieder. Ich stürze hinaus. Wut und Zorn hochlodernd in mir, diesem Mittagessen an verquältem Frauenfleisch beiwohnen haben zu müssen. Still und stumm neben diesem Augen-Schmaus stehen haben zu müssen. Und mir gut in Erinnerung die Gespräche bei einer Araki Vernissage in Zürich.

Der Galerist erklärte mir damals, diese jungen Frauen drängten sich, von Araki fotografiert zu werden. Er habe das selbst gesehen, sagte der Galerist. Er sei da gewesen. Anwesend gewesen. Beim Fotografieren. Und überhaupt. Das sei Kunst. Schließlich. Und ob ich vielleicht ein bisschen prüde sei. Und außerdem. Alle ausgestellten Werke waren schon vor der Vernissage verkauft gewesen. So ein Interesse. Das könne man nicht leugnen, sagte der Galerist und teilte Zigarren aus.

Nun. Es gibt natürlich die Möglichkeit, dass die fotografierten jungen Frauen in diesem So-Fotografiert-Werden ihr Frau-Sein definieren. Dass sie darin in einer Dekonstruktion von Vorhandenem und in einer Konstruktion von Neuem der Konstruktion eines weiblichen Selbst sich annähern. Warum aber fühle ich mich mitbesessen durch den Sättigung suchenden Blick dieses Mannes in der Buchhandlung in Würzburg auf die verquälten nackten Leiber dieser Frauen. Warum fühle ich mich einmal mehr in den Blick auf die Frau aufgelöst, auch wenn ich gar nicht gemeint bin. Warum möchte ich diese Bilder ästhetisierter Gewalt an Frauen nicht sehen. Und schon gar nicht neben einem sehen müssen.

Es gab bei der Vernissage in Zürich übrigens einen Rat zur Lösung meines Problems. Ein Bildhauer meinte, wir. Wir Frauen. Wir Frauen sollten alle solche Bilder von uns machen lassen, dann wären wir das Problem los.

Was für Möglichkeiten der Überschreitung können in einem solchen Bild von sich und dem Machen davon enthalten sein. Der Vorgang selber bedeutet, sich zu überlassen. Sich schmerzhaft beschränken zu lassen. In diesem Augenblick lässt sich eine Selbstdefinition der Masochistin treffen. Lässt sich die Macht des Opfers ahnen, das den Blick des Täters bannt. In diesem Augenblick kann die Konstruktion der Sexualität des Typs Masochistin angenommen werden, wie auch immer die Betreffende sich das vorstellt.

Was aber ist mit dem Abbild dieses Augenblicks? Was ist mit dem Bild davon, das im Kontext aller Bilder funktioniert und nur nebenbei auf den Augenblick einer besonderen Person verweist? Besonderheit wird schon durch die Nacktheit des weiblichen Körpers verhindert. Ist diese Nacktheit doch in der Lesart des Patriarchats der Hinweis auf alle anderen, ebenso öffentlichen weiblichen Körper. Schon darin sind die Bilder dieses Augenblicks der sexuellen Selbstdefinition wieder nur Material des patriarchalen Archivs. Auffrischungen eines bekannten Sujets. Da diese Blicke nun die Etikette »Kunst« zur Verfügung haben, kann der Käufer des Bilds (in Zürich waren es jedenfalls nur Männer, die die Bilder erwarben) die Definition »Sadist« umgehen. Selbst der Künstler wird nicht auf diesen Begriff reduziert. Seine Überschreitung im Sujet ist in der übergeordneten Überschreitung »Kunst« eingehüllt und damit der Benennung entzogen. Ist von Benennung befreit.

Im Verweis des Sujets der nackten Frauenkörper auf alle Frauenkörper muss ich dann in der Buchhandlung in Würzburg im gefräßigen Blick des Mannes von der Straße auch meine Würde gemeint sehen. Ich muss rasch weggehen, weil die Gefahr zu reagieren groß ist. Zu reagieren missverständlich wäre. Und am Ende nur die Diagnose Prüderie stünde, die nicht stimmte, weil es mich natürlich überhaupt nicht interessiert, wie eine oder einer sich konstituieren will. Ich will nicht hineingezogen werden. Was aber bei der derzeitigen alltagspolitischen Situation bei intaktem patriarchalem Blick unmöglich ist.

In Wien fand vor kurzer Zeit die sexuelle Befreiung der Frau statt. In der Secession. Eine Fotografin saß in der Badewanne. Nackt. Und onanierte. Die Kritik war begeistert. So sähe ein weiblicher Beitrag zur bildenden Kunst aus, wurde geschwärmt. Die junge Frau selbst gab in Interviews einen Bericht von dem Gefühl der Freiheit und der weiblichen Überlegenheit ihres Orgasmus vor Männeraugenpaaren.

Die Zuseher wieder, und wieder traf ich nur Männer, die anwesend gewesen waren. Die Männer wieder sagten, dass es »klasse« gewesen wäre. Auch in diesem Fall könnte angenommen werden, dass die junge Fotografin in der Überschreitung ihrer Performance einen Schritt ihrer Selbstkonstruktion macht. Möglicherweise ist der Videofilm davon eine Erinnerung. Aber nur für sie. Was aber war dieser Augenblick für die Teilnehmer und was ist er für Betrachterin und Betrachter des Videos? Eine Frau, die onaniert. Die Bewusstseinsänderung der Akteurin drückt sich nicht aus (hier sehnt man sich nach der differenzierten Kühnheit einer Valie Export). Kann sich nicht ausdrücken. Die Aussage der Akteurin, sich in eine andere sexuelle Dimension katapultiert zu haben, findet keinen Ausdruck. Der Vorgang des Onanierens bleibt im Allgemeinen. Keine Geschichte eines Besonderen wird erzählt.

Wieder kann das Lesen dieses Videos, in die Konvention »Kunst« verschoben, ungehindert konsumiert werden. Und wird es so. »Jetzt weiß ich endlich, wie ihr das wirklich macht«, sagte mir strahlend ein Vernissageteilnehmer. Diesem Kunst-Werk kann er mehr glauben als den Pornos. Der Selbstpreisgabe unter den durchaus marktorientierten Zusammenhängen eines Kunstbetriebs unter der Etikette »Kunst« kann dieser Mann Authentizität abgewinnen. Wahrheit. Sogar. Im Porno, so vermutet er im Gespräch, würden die Frauen ja doch immer schwindeln.

Es liegt einmal mehr ein Sprachproblem vor. Die Formulierung der Aussage »Ich konstruiere meine Sexualität«, die beiden Beispielen zugrunde liegt, gilt als Aussage immer nur für die auf Bild und Video dargestellten Frauen. Da sie sich nun formal widerspruchslos abbilden lassen, werden die Sinneinheiten dieser Darstellung konventionell entschlüsselt. Hingabe an die Darstellung und an den patriarchalen Blick auf diese Darstellung. Im Lesen kommt der Selbsthass ins Spiel. Die Vermutung, diese Hingabe geschähe, den Mangel an Selbst auszufüllen. Im Hass auf diesen Mangel, sich gleich aufzugeben. Zuzugeben, der patriarchale Blick habe ein Recht, auf dem Bild zu liegen.

Es liegt ein ähnliches Phänomen vor, wie bei den Autorinnen der Gothic Novel im Englischen. Es wird vielfach nachgewiesen, dass diese Autorinnen sich den männlichen Blick borgen. Ihn erobern. Ihn für sich reklamieren. Sie richten diesen Blick dann besonders gekonnt auf vergewaltigungsfreudige mordlüsterne Monster und auf die weiße Frau. Das blasse Mädchen, das erst in Ohnmacht verfallen auf die Chaiselongue drapiert wird und später in noch tiefere Blässe verfallen auf dem Bett tot liegen wird. Dort. So liegend ist das bleiche Mädchen dem Blick der Männer im Roman hingebreitet. Und dem Blick des Monsters. Des Monstermannes.

Von der Autorin angeleitet, wird dieser Blick der Blick des Lesers und der Leserin. Die Autorin hat sich in einer Überschreitung ihrer Grenzen diesen Blick genommen. Sie hat darin ein Selbst konstruiert. Ist in der Maske dieses Blicks anwesend. Die Leserin wie der Leser sind einmal mehr im patriarchalen Blick unterwiesen worden. Die Leserin ist einmal mehr in ihre Grenzen verwiesen worden. Wird es bei jedem Lesen wieder. Ein Vorgang, den der Trivialroman weiter nachstellt. In seinen Mutationsformen der Fernsehserie etc.

Viele Autorinnen dieses Genres beschreiben auch heute noch die beglückende Befreiung durch das Schreiben, während die Leserinnen auf die basalsten patriarchalen Konventionen verpflichtet werden.

Für mich gibt es in der Frage der öffentlichen Äußerung und Präsenz von Frauen aus allen Bereichen in diesen Beispielen eine moralische Frage zu lösen. Die Frage, ob es möglich sein kann, dass der Wunsch auf Selbstdefinition oder Befreiung einer Person in einer Sprache erfolgen soll. Kann. Darf.

Die zumindest missverständliche Lesarten zulässt, die einen so vermutbaren Selbsthass allen anderen

Frauen zuweist und darin den Blick des Patriarchats neuerlich und wiederum in seine Rechte einsetzt.

Es werden wohl in all diesen Aussagen die Selbstdefinitionsrechte und Befreiungsmaßnahmen aller anderen als Grenze des eigenen Entwurfs anzusehen sein. Zu fragen ist hier natürlich auch nach dem Geschichtsverlust der Frauenbewegung darin selbst. Warum nicht einmal in der Kunst sich eine Tradition entwickeln konnte, die historisch begründet weitergearbeitet hätte. Wie gesagt. Valie Export und Carolee Schneeman hatten gültige Lösungen gefunden, die ein Sich-weiter-Äußern ermöglicht hätten. Vielleicht wäre daraus dann sogar etwas wie eine Sprache zu finden gewesen. Eine Sprache, in der die Konstruktion von Selbst wirklich zu reden gewesen wäre.

Steter Geschichtsverlust begleitet die Frauenbewegung. Hier stellt sich wiederum die Frage, ob dieser Geschichtsverlust nicht ein konstituierender Bestandteil der Frauenbewegung ist. Ein Selbstauslöschungsmechanismus. Ein Selbstauslöschungssystem. Ein automatisch funktionierendes Selbstauslöschungssystem. Die Geschichte der Beauvoir-Rezeption allein führt die Mühsal des Immer-wieder-neu-bergen-Müssens vor.

»Ich kämpfe also gegen alle, die mich zum Schweigen bringen, die mich daran hindern wollen, mich auszudrücken, zu sein.« Ich zitiere aus Beauvoir, »Pyrrhus und Cineas« in »Soll man de Sade verbrennen?«

Es geht um diesen Kampf. Mit welchen Mitteln er geführt werden kann. Muss. Und welche Mittel den

Kampf der Nächsten behindern. Welche Sprachen wie entworfen werden können, den Ausdruck jeder einzelnen um Sein ringenden Person bilden zu können und keine Beschränkung der anderen, um Ausdruck kämpfenden Person zu sein. In Kunst und Literatur müsste darin viel radikaler diskutiert werden. Ich sehe kaum einen Ansatz in dieser Richtung. Es geht natürlich auch darum, wie Erreichtes aufbewahrt werden könnte. Ohne eine Diskussion darüber treten nur immer wieder und neuerliche Verluste auf. Wunderbare Lösungen gehen verloren, die aufgrund einer Beschränkung der Einschränkung anderer vordergründig unscheinbar daherkommen. So auftreten müssen. Die aber jenen Spielraum freigeben. Ja. Im Idealfall herstellen.

In dem am Beispiel einer Äußerung, sei dies nun in der Kunst, Literatur, Musik, Wissenschaft und jedem cross over davon, eine eigene Sprache des Selbst gefunden werden kann. Und eben nicht in die unwägbaren Tiefen vorgeschriebenen Selbsthasses führen. Und sei es nur in der Nachahmung einer Verächtlichkeit männlicher Moderne. Simone de Beauvoirs Texte waren für mich immer diese Möglichkeit nachzulesen.

FUNDAMENTALISMUS –
DIE NEUE GEFAHR

Khalida Messaoudi, Mathematikerin und Abgeordnete, gilt als eine der »Galionsfiguren des algerischen Widerstandes« (Badinter). Messaoudi wurde am 12. Juni 1993 von der »Islamischen Heilsfront« zum Tode verurteilt. Die Tochter aus einer streng muslimischen kabylischen Familie gilt auch in ihrer Heimat Algerien als Symbol für den unerschrockenen Kampf um Menschen- und Frauenrechte. Sie ist eine der Mitbegründerinnen der linksliberalen Partei RCD, für die sie seit 1999 als Abgeordnete im Parlament ist.

MENSCHENRECHTE SIND UNTEILBAR

Khalida Messaoudi

Wir Algerierinnen, Marokkanerinnen, Iranerinnen und Sudanesierinnen haben uns zusammengetan, um etwas zu fordern, was im Westen sebstverständlich ist: die Universalität der Menschenrechte, die unabhängig von Geschlecht, Hautfarbe oder Religion für alle gelten. In meinem Land jedoch verbinden die Feinde der Frauen mit dem Begriff Universalität immer auch das Attribut »international«, was für sie gleich »westlich« ist. Aber die Abgeordneten der Vereinten Nationen scheinen in ihrem tiefsten Innern zu glauben, die Unterdrückung der algerischen Frauen läge in der Kultur unseres Landes begründet – und unter dem Vorwand des »Respekts vor anderen Kulturen« müsse man eben auch die Unterdrückung der Frauen respektieren und akzeptieren.

Wir Algerierinnen nennen das »die Kulturfalle«. In diese Falle sind die westlichen Länder voll getappt. Sie glauben, unsere Unterdrückung sei eine kulturelle Frage – und wollen nicht verstehen, dass sie eine rein politische Frage ist. Aus unserer Geschichte und Kultur lässt sich die Unterdrückung der Frauen ebenso wenig ableiten wie aus der der westlichen Länder – auch wenn das so mancher algerische Mann gerne hätte.

Jedes Mal, wenn eine algerische Frau aufsteht, um ihre Rechte zu verteidigen, steht ein Mann hinter ihr, der fragt: Was willst du eigentlich, willst du etwa wie die Europäerinnen werden? Unsere Antwort lautet: Wir wollen wie Kahina werden! Kahina war eine algerische Herrscherin im siebten Jahrhundert. Sie hat ihr Land nicht in Angst und Schrecken geführt, wie es die Männer heute tun.

Wir wünschten, die Völker des Abendlandes lernten wenigstens unsere Geschichte, bevor sie über uns richten. Wir leiden unter der rassistischen Sichtweise, Universalität sei geographischen Grenzen unterworfen und habe nicht überall Gültigkeit. So habe ich im französischen Fernsehen Prozesse gegen Beschneiderinnen gesehen, die ihren afrikanischen Töchtern und Enkelinnen die Klitoris verstümmeln. Da standen doch tatsächlich weiße Männer, Anwälte und Journalisten, die erklärten, das sei nun einmal ihre Kultur. Doch seit wann sind Verletzungen der Menschenrechte und Verbrechen gegen die Menschlichkeit relativ und eine Frage der Kultur?

Natürlich kann es keine Lösung für die Opfer des islamischen Fundamentalismus sein, den Westen zu bitten, die Sache für uns zu regeln. Aber wir brauchen bei unserem Kampf gegen die Unterdrückung der Frauen in den islamischen Ländern die Hilfe und Unterstützung der europäischen Länder.

In Algerien hat es in den letzten Jahren Hunderttausende von Toten gegeben, darunter viele Frauen, Journalisten, einfache Leute; und Tausende von vergewaltigten und gefolterten Frauen. In den letzten acht Jahren wurden 2.084 Frauen von islamistischen

Gruppen verschleppt, ohne dass irgendein internationales Gremium dagegen protestiert hat. Schlimmer noch: Eine algerische Frau hat auch in Deutschland kein Recht auf politisches Asyl, wenn sie von der GIA, den bewaffneten »Gotteskriegern«, verfolgt wird, denn sie wird ja nicht vom Staat bedroht. Dafür erhalten ihre Verfolger Asyl, denn ihnen droht nach all den Verbrechen in ihrer Heimat ja die Todesstrafe.

Damit nicht genug. Selbst Frauen, die in einem so genannten »Gottesstaat« verfolgt werden, verweigert man das politische Asyl; ebenfalls unter dem Vorwand, diese Verfolgung sei kulturell und nicht politisch bedingt. Eines Tages musste ich in »Le Monde« lesen, Taslima Nasrin verdiene ihr Schicksal, denn sie habe es ja geradezu darauf angelegt, indem sie sich in einem Entwicklungsland gegen die Religion gewandt habe.

Das alles kann die Welt nicht länger ignorieren. Die Grenzen der internationalen Menschenrechtserklärung müssen angesichts der neuen Totalitarismen und der terroristischen Bewegungen im Iran, in Algerien, im Sudan und Afghanistan dringend erweitert werden. Wir Algerierinnen fordern, dass die Verbrechen an den 2.084 Frauen, die in einem kriegerischen Akt in den letzten Jahren verschleppt und vergewaltigt wurden, als Menschenrechtsverletzungen angesehen werden. Wir fordern, dass auf internationaler Ebene Maßnahmen gegen solche Verbrechen ergriffen werden.

Ich bin Algerierin, ich lebe in Algier und bin heute Abgeordnete der Nationalversammlung. Ich bin stolz darauf, von meinen Landsleuten mit dem Wissen gewählt worden zu sein, dass ich Demokratin und nicht religiös bin. Darauf hatte ich meine Kampagne aufgebaut.

Doch ich kann zwar gewählt werden, aber ich habe noch nicht einmal die elementarsten Menschenrechte. Denn nach dem herrschenden Gesetz – das nicht von den Fundamentalisten gemacht wurde, sondern von der algerischen Republik – bin ich als Frau eine Unmündige. 1984 verabschiedete das algerische Parlament das neue Familienrecht, den »code de la famille«, den algerische Feministinnen nur »code de l'infamie« nennen. Danach kann ich als algerische Abgeordnete im Parlament zwar die Gesetze mitmachen, im Privatleben aber bin ich eine Minderjährige.

Die Polygamie ist gesetzlich erlaubt, und ein Ehemann kann seine Frau noch immer quasi verstoßen. Wollte ich heiraten, dürfte ich das nicht selbst entscheiden, sondern mein 74-jähriger Vater müsste es für mich tun. Gäbe es ihn nicht mehr, entschiede ein Bruder oder Onkel, ja sogar ein Sohn für mich; auch, ob ich ins Ausland reisen darf oder nicht.

Wir haben in Algerien dank unserer Geschichte und des gemeinsamen Kampfes von Männern und Frauen gegen die französische Kolonialmacht eine relativ starke Frauenbewegung. Doch auch sie konnte die Entrechtung der Frauen 20 Jahre nach der Befreiung unseres Landes nicht verhindern.

Jetzt, da die Männer sehen, dass sie selbst bedroht sind von den Ungeheuern, die sie riefen – dem Natio-

nalismus, Männlichkeitswahn und religiösen Fanatis-
mus –, gibt es ein Erschrecken. So veranstaltete der
»Hohe moslemische Rat« (HCI), der die Regierung
berät, jüngst in Algier ein dreitägiges Seminar zu dem
Thema Frauenrechte. Der Vorsitzende erklärte öffentlich, er sei für die sofortige Abschaffung der Polygamie und des ganzen unwürdigen Familienrechts. Das
ist ein – relativer – Fortschritt, der unzweifelhaft dem
Druck der Frauen zu verdanken ist.

1993 verhängte die GIA ihr Todesurteil über mich.
Das war und ist schlimm. Es ist allerdings einfacher,
zum Tode verurteilt zu sein und zu wissen warum, als
zu den Tausenden Frauen und Menschen aus dem
algerischen Volk zu gehören, die hingerichtet wurden, ohne zu wissen warum. Es gibt nichts Schrecklicheres als die Morde an diesen Mädchen und Frauen,
die niemals politisch aktiv waren, niemals öffentlich
aufgetreten sind und die einsam und hilflos starben.
Ich weiß, warum sie getötet wurden: im Zuge einer
Strategie des willkürlichen Terrors, des totalen Krie-
ges gegen ein Volk, um es der übelsten aller Dikta-
turen, dem Gottesstaat, zu unterwerfen.

Bis 1998 habe ich fünf Jahre lang jede Nacht meinen
Aufenthaltsort gewechselt. Mittlerweile ist es besser
geworden, ich ziehe nur noch alle zwei bis drei
Monate um.

Meine allererste Rede im Ausland gegen den Terror der islamischen Fundamentalisten habe ich 1992
hier in Deutschland gehalten, auf Einladung von Alice
Schwarzer. Damals wusste ich noch gar nicht, wie

man eine Rede hält, und nun vertrete ich seit acht Jahren die algerischen Frauen im Ausland. Ich werde darum mein ganzen Leben lang den europäischen Feministinnen dankbar dafür sein, dass sie sich nicht täuschen ließen und gleich verstanden haben, worum es in Algerien wirklich geht.

Wir waren Anfang der 90er Jahre in einer sehr schwierigen Lage: Das Land drohte von einem autoritären Regime mit Militär im Rücken in einen theokratischen Totalitarismus zu verfallen, und wir mussten gegen diese Bedrohung kämpfen. Wir kämpften vergeblich. Die demokratischen Staaten im Westen haben uns zu ihrer großen Schande einsam sterben lassen. Damit Sie mich nicht falsch verstehen: Ich erwarte nicht, dass jemand mit uns stirbt. Wir hätten nur, wenn schon die Einsamkeit unser Schicksal ist, ganz gerne, dass man uns nicht auch noch in den Rücken fällt.

»Was wollt ihr Frauen eigentlich?«, werden wir im In- und Ausland gefragt. »Die Fundamentalisten sind doch gewählt worden.« Seit acht Jahren werde ich nicht müde zu erklären, dass auch Hitler damals gewählt wurde und nicht durch einen Staatsstreich an die Macht kam. Der Abbruch der Wahlen nach dem ersten Durchgang 1991 war in der Tat absolut undemokratisch. Die religiösen Fanatiker der FIS aber haben in Algerien keinesfalls eine überwältigende Wählermehrheit hinter sich wie Hitler damals in Deutschland. Ich als Frau werde es niemals hinnehmen, dass die Frauen auf irgendjemandes Altar verkauft werden, im Namen welcher Theorie oder Strategie auch immer. Es gibt keine Demokratie ohne die Frauen.

Bei den französischen Kommunalwahlen im letzten Jahr weigerten sich sowohl die rechten als auch die linken Politiker, mit der rechtsextremen Front National zusammenzuarbeiten, weil sie rassistisch und antisemitisch ist. Dieser Rassismus und Antisemitismus ist auch unter den islamischen Fundamentalisten weit verbreitet. Vom Sexismus ganz zu schweigen. Sie machen sogar eine Doktrin daraus. Ich wünschte darum, die algerischen Demokraten hätten dieselbe Haltung wie die französischen: Für alle Demokraten sollte es selbstverständlich sein, sich mit einer solchen Partei nicht zu verbünden.

Wir haben es mit einer einflussreichen fundamentalistischen Internationalen zu tun, die eine klare Strategie hat. Um die Frauenrechte zu sichern, brauchen auch wir eine demokratische Internationale der Frauen – sonst haben wir keine Chance gegen das Ungeheuer. Nicht nur die algerischen, auch die sudanesischen, iranischen und afghanischen Frauen wissen, wovon ich rede: Sie kennen das Grauen der »Gottesstaaten« nur zu gut. Doch allein, ohne eure Unterstützung, ohne die der Frauen- und Menschenrechtler der westlichen Länder, verlieren wir diesen Kampf um Leben und Tod.

Mina Ahadi, Iranerin im Exil, lebt seit 1996 mit Mann und zwei Kindern in Köln. Sie ist Mitherausgeberin der in Schweden erscheinenden iranischen Exil-Frauenzeitschrift »Medusa« und Gründerin der »Internationalen Kampagne zur Verteidigung der Frauenrechte im Iran«. Geboren 1960 im Nordiran, gehörte die Medizinstudentin zu den Frauen, die gegen den Schleierzwang auf die Straße gingen. Bei der Erstürmung ihrer Wohnung durch die Geheimpolizei wurde ihr erster Ehemann verhaftet und ermordet. Ahadi flüchtete in das damals noch freie Kurdistan, wo sie in den Lagern als Krankenschwester arbeitete. 1990 floh Ahadi nach Österreich und engagiert sich seither vorrangig für Frauenrechte.

ICH BIN ZUFÄLLIG IM IRAN GEBOREN

Mina Ahadi

Mein Name ist Mina Ahadi. Ich komme aus dem Iran und lebe seit neun Jahren in Europa. Schon als junges Mädchen habe ich mich für die Frauenrechte einge-setzt. Ich habe an den politischen Auseinandersetzun-gen während des Schahregimes aktiv teilgenommen, während der iranischen Revolution 1979 studierte ich Medizin. Doch das islamische Regime darf nicht das Ergebnis unserer Revolution sein.

Als Erstes ordnete das Regime die Zwangsver-schleierung der Frauen an. Zusammen mit Aktivistin-nen der Frauenbewegung habe ich eine große De-monstration dagegen organisiert. Ich erinnere mich noch gut, wie wir Frauen gnadenlos mit Fäusten und Ketten zusammengeschlagen und mit Messern ver-letzt wurden. Ich wurde wegen meiner Aktivitäten für die Rechte der Frauen von der Universität verwiesen. In dieser Zeit wurde mein Mann verhaftet und hinge-richtet. Ich floh nach Kurdistan. Teile von Kurdistan waren damals unabhängig. Dort habe ich zehn Jah-re lang gelebt und als Krankenschwester bei der Ra-diostation des Lagers gearbeitet. Dann musste ich endgültig flüchten.

Ich bin zufällig in einem islamischen Land gebo-ren. Sie wissen, dass Millionen von Frauen dort will-kürlich unterdrückt und erniedrigt werden. Sie sind

Menschen zweiter Klasse. Die Männer, die Regierungen, die Traditionen entscheiden über ihr Leben: in der Gesellschaft und in der Familie, am Arbeitsplatz und im Bett. Sie sind gar nichts, außer Sexobjekte der Männer. Diese Probleme werden im Westen immer noch nicht sehr ernst genommen. Es gibt hier das Klischee, dass Frauen in islamischen Ländern anders sind. Und dass sie ausschließlich Opfer seien. In Wahrheit gibt es einen großen Widerstand von Frauen. Es ist auch keineswegs so, dass die Frauen im Iran alle streng gläubig sind und alles, was mit ihnen geschieht, als Teil ihrer »Kultur«, »Tradition« oder Religion akzeptieren.

Die islamischen Regimes behaupten, diese mittelalterlichen Verhältnisse seien Teil der Tradition und Kultur des Landes. Soll das heißen, dass wir Frauen mit unserer Rechtlosigkeit, Beschneidung und Steinigung einverstanden sind? Leider behaupten im Westen nicht nur die Regierungen, sondern auch so manche sich für fortschrittlich haltenden Organisationen, es handele sich bei dem, was in den islamischen Ländern geschieht, um islamische Kultur. Dieser Kulturrelativismus hat sich sehr negativ auf unseren Widerstand ausgewirkt. Es wird im Westen häufig übersehen, dass es in den islamischen Ländern zahlreiche Frauenbewegungen gibt, die sich gegen diese angebliche Traditionen wehren.

Man kann nicht im Namen einer Kultur die Menschenrechte dem einen Geschlecht zuteilen und dem anderen verweigern. War denn das, was Hitler gemacht hat, deutsche Kultur? Was im Iran mit den Frauen geschieht, ist nicht Kultur, sondern Geschlechter-Apartheid: Es ist islamischer Faschismus.

Wenn die Rede auf Menschenrechtsverletzungen in den islamischen Ländern kommt, heißt es oft, diese seien Auswüchse eines islamischen Fundamentalismus – als gebe es einen guten und einen schlechten Islam. Das stimmt nicht.

Es gibt ganz unterschiedliche islamische Gruppierungen in den verschiedenen Ländern. Aber in der Unterdrückung der Frauen unterscheiden sie sich kaum. Allein im irakischen Kurdistan, in dem ich vier Jahre gelebt habe, sind in den letzten acht Jahren mehr als 1.000 Frauen aus verschiedenen Gründen, wie zum Beispiel Ehebruch, terrorisiert worden. Ich habe dort ein 18-jähriges Mädchen kennen gelernt, das zuhause an Ketten gehalten wurde, damit es nicht allein das Haus verlassen kann. Einer anderen Frau wurde von Familienangehörigen wegen Verdachts auf Ehebruch die Nase abgeschnitten. Aber ich habe dort auch Frauen kennen gelernt, die unter schwierigsten Bedingungen dennoch für ihre Rechte kämpften. Sie haben Treffen organisiert, an denen bis zu tausend Frauen teilnahmen. Sie haben es geschafft, im Irak das erste Frauenhaus aufzubauen!

Die Gesetze des Islam sind im Koran festgelegt. Der Islam ist eine Religion, die die Menschenrechte und die Menschenwürde vor allem der Frauen mit Füßen tritt. Freiheit, Kultur, Sexualität – alles ist durch islamische Gesetze vor allem für Frauen verboten. Die Religion – jede Religion – müsste deshalb von der Staatsgewalt getrennt sein.

Ich glaube es, wenn manche Muslime sagen, dass sie mit dem, was im Iran, in Afghanistan oder in Algerien mit den Frauen geschieht, nicht einverstanden sind. Aber solange der Islam als politisches Programm und Instrument eingesetzt wird, wird er auch gegen die Frauen eingesetzt.

Die »Toleranz« der westlichen Länder gegenüber den Verbrechen in den islamischen Ländern ist nicht akzeptabel. Für den Westen spielen weder Menschenrechte noch Frauenrechte, sondern wirtschaftliche und strategische Interessen die Hauptrolle. Selbst als der Deutsche Helmut Hofer wegen seiner angeblichen Beziehung zu einer iranischen Frau zum Tod verurteilt wurde, gab es nur sanfte Kritik. Zu der Tatsache, dass Frauen im Iran wegen tatsächlicher oder angeblicher außerehelicher sexueller Beziehungen bis zum Hals eingegraben und gesteinigt werden, schweigt die deutsche Regierung. Ich habe heute, bevor ich hierher kam, ein Fax bekommen: In dieser Woche wurde wieder eine Frau zum Tode verurteilt: Massoumeh Sadighie und ihr Freund Hassan Maasoumie sollen in den nächsten Tagen gesteinigt werden.

Ich stelle hier an Sie als Frauen die Frage: Wären Sie bereit, im Land des »liberalen« Präsidenten Chatami zu leben, in dem Frauen sich zwangsverschleiern müssen; in dem Mädchen mit neun Jahren verheiratet werden; und in dem die Steinigung von Frauen legal ist?

Auch mitten in Deutschland werden Mädchen von ihren Familien gezwungen, das Kopftuch zu tragen. Das ist eine eklatante Verletzung der Kinderrechte. Wir fordern darum in Deutschland und in allen westlichen Ländern ein Schleier-Verbot für alle Kinder unter 16.

Wer ist »Wir«? Die »Internationale Kampagne zur Verteidigung von Frauenrechten im Iran« ist Teil einer Frauenbewegung in den islamischen Ländern, die sich gegen Geschlechter-Apartheid und gegen die Einmischung von Religion in die Staatspolitik wendet. Wir sind in Europa, Amerika und Kanada aktiv, unsere Zeitschrift heißt »Medusa«. Wir brauchen in unserem Kampf Unterstützung. Wir müssen zusammen dagegen kämpfen, dass Religion und Nationalismus zur Staatsdoktrin gemacht werden, um zumindest die Grundrechte der Frauen abzusichern. Gleichheit und Freiheit sind damit jedoch längst nicht erreicht: Das ist noch ein langer Weg bis hin zu einer besseren Welt, einer Welt, von der ich träume, in der die Frauen nicht mehr das »andere« Geschlecht sind.

RASSISMUS, ANTISEMITISMUS UND SEXISMUS

Gerda Lerner, Historikerin, gilt international als die Pionierin der Frauengeschichtsforschung. Sie hat vor allem zum
Rassen- und Geschlechterproblem veröffentlicht und sich in
diversen wissenschaftlichen Organisationen engagiert. Anfang der 8oer Jahre war sie als erste Frau Präsidentin der »Or-
ganization of American Historians«. Gerda Lerner kam 1920
in Wien zur Welt und mußte 1939 als Jüdin in die USA emi-
grieren. Sie beginnt ihr Geschichtsstudium erst nach einer
langen »Familienphase« und lehrt ab 1965 Geschichte. 1986
veröffentlichte Lerner ihre Pionierstudie »Die Entstehung
des Patriarchats«.

WARUM UNS GESCHICHTE ANGEHT

Gerda Lerner

Alle Menschen machen Geschichte. Wir stellen uns anderen Menschen durch unsere Lebensgeschichten vor. Im Laufe unseres Lebens ändert sich diese Geschichte durch neue Interpretationen, neue Betonungen. An verschiedenen Lebensstadien betonen wir die Momente, die entscheidend für unseren Lebenslauf waren, unterschiedlich, und dadurch geben wir diesen Geschehnissen neue Bedeutung. Man denkt natürlich nicht, dass man durch so etwas Geschichte macht, man handelt einfach, ohne bewusste Einsicht. Man lebt sein Leben, man erzählt seine Geschichten. Das kommt einem so natürlich vor wie das Atmen.

Unsere Selbst-Vorstellung, die Art und Weise wie wir uns der Welt vorstellen, zeigt sich in der Form unserer Lebensgeschichte. Unsere Erinnerungen – die, die wir als wichtig ansehen und die, die wir übersehen und vergessen – beeinflussen unser Leben, indem wir auf ihnen unsere Zukunftspläne aufbauen. Wenn wir uns als Opfer der Umstände definieren, als machtlos vor Kräften, die wir weder verstehen, noch kontrollieren können, dann werden wir vorsichtig zu leben suchen, Konflikte vermeidend, um Verletzungen vorzubeugen. Wenn wir uns als geliebte, geschätzte, gut verankerte Menschen empfinden, dann werden wir mutig leben und Anforderungen und Schwierigkeiten mit Zuversicht anfassen und überwinden.

Geschichte, diese Geistes-Erfindung, dieses Hirngesponnene Konstrukt, kann unser zeitbegrenztes Leben verlängern, ihm Bedeutung geben und unser Einzelleben in der Gemeinsamkeit verwurzeln. Geschichtliches Denken gibt uns Perspektive in Bezug auf unser Einzelleben, dessen Kürze wir überwinden können, indem wir uns mit den Generationen, die vor uns kamen, identifizieren und jene, die uns überleben werden, bedenken. Historisches Denken ermächtigt uns, weiter zu sehen als nur in die Gegenwart, höher zu streben und zu zielen. Historisches Denken hat uns vom magischen und mythischen Denken zu rationeller Abstraktion geführt. (...)

Um besser zu verstehen, warum uns Geschichte angeht, sollten wir die zwei menschlichen Gruppen beobachten, die am längsten in der Welt marginalisiert und unterdrückt wurden: Frauen und Juden. Die Verfolgung der Juden beginnt mit ihrer Sklaverei in Ägypten, spät im zweiten Jahrtausend vor unserer Zeit. Die Unterdrückung der Frauen ist so alt wie die Institution des Patriarchats, das wir als im Nahosten etabliert in der Mitte des ersten Jahrhunderts vor unserer Zeit datieren können. Obwohl die Chronologie der Unterdrückung der beiden Gruppen ziemlich ähnlich ist, sind sie doch grundverschieden. Frauen sind immer die Hälfte jeglicher Bevölkerung; Juden waren immer nur eine kleine Minorität. Frauen waren immer voll assimiliert innerhalb der Gruppe, die sie unterdrückt hat, während Juden oft ausgeschlossen und marginalisiert waren. Frauen sahen ihre Unterdrückung als »natürlich« an, da sie durch Familie, Staat und Religion Ausdruck fand. Juden wussten immer, dass ihre Unterdrückung von seiten einer anderen Gruppe, also von Nichtjuden, ausgeübt wurde und entwickelten daher einen Widerstand auf Grund von Gruppenzugehörigkeit, Religion und Nationalismus. Aber der wichtigste Unterschied zwischen den beiden Gruppen ist, meiner Meinung nach, deren Einstellung zur Geschichte.

Juden waren zunächst hebräische Sippen und später eine Bevölkerung in einem jüdischen Königreich und unterschieden sich von ihren Nachbarn nur durch ihre Religion. Nach der babylonischen Gefangenschaft und in der Diaspora wurden sie eine Religionsgruppe mit einer besonderen Geschichte, die sie von anderen Gruppen unterschied. Sie waren sich von langher ihrer besonderen Beziehung zur Geschichte bewusst und bauten dieses Bewusstsein in ihr religiöses Ritual ein. Die Erzählung von ihrer Sklaverei in Ägypten und ihrer Befreiung ist ein Teil der jährlichen Feier von Pessach; das alljährlich wieder aufgeführte Drama von Königin Esther und der Kampf mit dem Bösewicht Haman, der ihr Volk unterdrückt, ist der Schwerpunkt der Purimfeier; und die Geschichte der Makkabäer-Siege über die babylonischen Unterdrücker ist wesentlich für die Feier des Chanukka-Festes.

Man könnte wohl sagen, dass die jüdische Religion, mit ihrem theologischen Zielpunkt auf das Kommen des Messiah gerichtet, Geschichte in die Religion eingebaut hat, wie keine Religion je vorher. Also war für Juden ihre Geschichte, wenn sie voll mit Verfolgungen und Unterdrückung war, auch eine Geschichte des ständigen und heldenhaften Widerstandes. Für Juden war die Geschichte ein Mittel zur Selbsterhaltung des Volkes.

Wie anders war das für Frauen ... Frauen lebten in einer Welt, in der die Frauen der Vergangenheit anonym, unsichtbar und deshalb für beide Geschlechter der Gegenwart unwichtig waren. Jahrtausendelang wurden Frauen erzieherisch benachteiligt und so behindert, dass sie von dem intellektuellen Werk der Kulturbildung fast völlig ausgeschlossen waren. Die einzige Art und Weise, wie sie auf die Institutionen wie Kirche, Gesetz, Staat und Militär wirken konnten, war vom Rand her, durch Einfluss, durch die Vermittlung von Männern, nicht durch autonome Macht. Die Ausnahmerolle, die ihnen Macht gab, war die der Elite-Frauen, die als Surrogate für abwesende Männer an deren Stelle herrschen durften. Und Frauen konnten nie die Welt begrifflich definieren, philosophische und wissenschaftliche Erklärungssysteme aufbauen.

Trotzdem waren Frauen immer aktiv, konstruktiv und wesentlich an dem Bilden und der Erhaltung jedweder menschlichen Gesellschaft beteiligt. Sie waren niemals Marginale, obwohl die Mythen der patriarchalischen Geschichtsschreibung sie so umdefiniert haben. (...) Indem man ihnen das Wissen der eigenen Geschichte entzog, beraubte man die Frauen ihrer Heldinnen – und Rollenmuster. Nicht wissend von ihrer Geschichte des Widerstandes und der Gegeneinstellung bauten die Frauen die patriarchale Ideologie in ihr eigenes Denken ein und verstärkten und unterstützten sie, indem sie sie ihren Kindern beiderlei Geschlechts beibrachten.

Die winzige Minorität der Juden, die über Jahrtausende von einem Land zum anderen gehetzt und verfolgt wurde, deren Führer und Weise getötet wurden und die dann noch im 20. Jahrhundert dem schlimmsten, wissenschaftlich-organisierten Genozid unterlagen, überlebten dennoch und bauten sogar noch einen Staat auf. Aber Frauen, die Hälfte der Menschheit, die unterdrückt, ökonomisch und intellektuell benachteiligt waren, oft der Gewalt ausgesetzt, konnten ihre eigene Unterdrückung nicht begreifen und brauchten bis zum 19. Jahrhundert, bis sie sich dagegen organisieren und aktiv einsetzen konnten.

Menschen, die keine Geschichte haben, sehen sich selbst und werden von anderen nicht als voll menschlich betrachtet. Des Geschichtsbewusstseins beraubt, können sie ihre eigene Lage nicht richtig verstehen und nehmen dann an ihrer eigenen Unterdrückung teil. Wenn man eine Geschichte hat, geht es einen wirklich an.

Jüdische Geschichte in der Diaspora ist die Geschichte eines Volkes ohne geographisches Zentrum, ohne Land; eines Volkes, das periodische Zyklen von Assimilierung und Vertreibung von verschiedenen Ländern und Kulturen erlebt hat. Jeder jüdische Mensch – Mann, Frau und Kind – trägt die Bürde dieser Geschichte in seiner Psyche, in seinem Gedächtnis. Es ist gerade das Wissen ihrer historischen Verfolgungen und Diskriminierung, das im Gedächtnis sogar der am meisten assimilierten Juden, derer im Deutschland der Weimarer Republik oder in der früheren Sowjetunion, eingeprägt ist, das sie von ihren Nachbarn unterscheidet. Was Hebräer als »Juden« fixiert, ist ihre geschichtsbedingte Lebenserfahrung und Selbstdefinition.

Das ist ganz ähnlich so für Frauen. Zwischen Frauen und Männern gibt es nicht nur einen physischen, biologisch begründeten Unterschied, es gibt auch einen geschichtlich bedingten. Über 4000 Jahre patriarchalischen Herrschens lang wurden Frauen vom Regieren und der Politik abgehalten, sie wurden erzieherisch benachteiligt, sie wurden diskriminiert in Bezug auf die Ressourcen der Gesellschaft und wurden als Abhängige dressiert. Erst in den letzten 200 Jahren war es Frauen möglich, unabhängige Organisationen zu schaffen und gegen diese Einschränkungen und Behinderungen kollektiv zu kämpfen, immer gegen großen Widerstand.

Die lange Tradition der Hilflosigkeit, Unmündigkeit und Ausschaltung von den politisch wichtigsten Institutionen jeder Gesellschaft haben in Frauen ein psychologisches Erbe, eine Einstellung hinterlassen, die anders ist als die der Männer. Sie findet ihren Ausdruck in einer weiblichen Denk- und Handlungsweise, einer Frauenkultur. Frauen, die für das Patriarchat dressiert wurden, leben nicht in einem Naturzustand, und manche haben die männliche Handlungs- und Denkweise so völlig eingenommen, dass sie von Männern nicht zu unterscheiden sind. Aber dennoch, für die große Majorität, gibt es wichtige Unterschiede. Diese sind meiner Meinung nach historisch bedingt, so wie im Fall der Juden, und sie sind viel wichtiger und ausschlaggebender als biologische Unterschiede zwischen den Geschlechtern.

Wenn Frauen ihre Geschichte finden, ihre Verbundenheit mit der Vergangenheit wiederherstellen und ihre wahre Bedeutung in der Kulturbildung richtig verstehen, wird ihr Selbstbewusstsein dramatisch verändert. Sie erleben eine Umwälzung in ihrer Weltanschauung und erkennen, oft zum ersten Mal, was sie mit anderen Frauen gemeinsam haben. Die neue Frauengeschichte ist ein gewaltiges Unternehmen: die vergessene Geschichte der Hälfte der Welt zu rekonstruieren, Frauen als aktiv Handelnde in das Zentrum der Geschichtsforschung zu setzen und, viel später noch, eine holistische Geschichte zu schreiben, in der das männliche wie das weibliche Prinzip gleichwertig einbezogen und dargestellt wird.

Die neue Frauengeschichte zeigt uns den Weg aus dem »kollektiven Vergessen« und sucht Anerkennung der unterschiedlichen Lebensweisen und Lebenserfahrungen verschiedener Menschengruppen, ohne

Hegemonie. Nur wenn unser Erinnern allumfassend ist, können wir das System der Halbwahrheiten, der Stereotypen, der Lügen, aus welchen Sexismus, Klassenhass, Rassenhass und Antisemitismus immer wieder neu geboren werden, von Grund auf bekämpfen.

Nun kommen wir an den Anfangspunkt zurück. Wir leben unser Leben, wir erzählen unsere Geschichten. Die Toten leben weiter in der Wiederauferstehung, die wir ihnen geben, indem wir ihre Geschichte erzählen. Die Vergangenheit wirkt auf unsere Gegenwart ein und bedingt unsere Zukunft. Wir bauen als Einzelmenschen und in Gemeinschaft mit anderen an der Bildung der Menschengesellschaft, und wir versuchen kontinuierlich, unserem Unternehmen Bedeutung zu geben. Mensch sein heißt fühlen und denken, Mensch sein heißt die Vergangenheit zu überblicken und in die Zukunft zu streben. Wir erleben etwas, geben diesem Erlebnis Ausdruck und Form, andere denken darüber nach und finden eine neue Form dafür. Diese neue Form beeinflusst ihrerseits die Art und Weise, wie die nächste Generation ihre Welt versteht.

Das sind die Gründe, warum Geschichte uns angeht.

Rita Thalmann, Germanistin und Historikerin, ist Forscherin und Aktivistin im Kampf gegen den Antisemitismus und Sexismus. Sie war zuletzt Professorin für »Kulturgeschichte der deutschsprachigen Länder« an der Universität von Paris. Heute ist sie u. a. Vorstandsmitglied der »Internationalen Liga gegen Rassismus und Antisemitismus« und Präsidentin der »Wissenschaftlichen Internationalen Frauenstiftung«. Thalmann kam 1926 als Kind eines Deutschen und einer Schweizerin in Nürnberg zur Welt. Der Vater wird in Auschwitz ermordet, die Mutter als Geisel der deutschen Wehrmacht in Dijon umgebracht. Das Kind kann in die Schweiz flüchten.

JUDEN UND FRAUEN

Rita Thalmann

Die Aneignung einer sozialen und historischen Perspektive bildet eine unerlässliche Grundlage zur Bewusstwerdung der Zusammenhänge des sexistischen und rassistischen Diskurses und Abgrenzungsprozesses. Dieser Zusammenhang erscheint mir besonderes deutlich im Kapitel »Der Staat und die Geschlechter« von Alfred Rosenbergs »Der Mythus des 20. Jahrhunderts« (1930 erschienen), wo unter anderem unter der Bezeichnung »Emanzipation und Rassenchaos« zu lesen ist:

»Aus politischer Knechtung kann sich jedes Volk aufraffen, aus rassischer Verseuchung nicht mehr. Gebären die Frauen einer Nation Neger oder Judenbastarde; geht die Schlammflut von Nigger›kunst‹ weiter so ungehindert über Europa hinweg wie heute; darf die jüdische Bordell-Literatur weiterhin ins Haus gelangen wie jetzt; wird der Syrier vom Kurfürstendamm auch fernerhin als ›Volksgenosse‹ und ehemöglicher Mann betrachtet, dann wird einmal der Zustand eintreten, dass Deutschland (und ganz Europa) in seinen geistigen Zentren nur von Bastarden bevölkert sein wird. Mit der Lehre von der erotischen Wiedergeburt greift der Jude heute – und zwar mit Hilfe der Lehren der Frauenemanzipation – an die Wurzeln unseres ganzen Seins überhaupt.«[1] –

Deutlich kommt hier eine Mixophobie zum Ausdruck, die Juden, Schwarze und Frauenemanzipation als radikalste Gefährdung der herrschenden Gesellschaft bezeichnet.

Es ist gewiss kein Zufall, dass die alte Frauenbewegung im 19. Jahrhundert mit der abolitionistischen Bewegung zur Abschaffung der Sklaverei – an der Frauen wie Männer teilnahmen – kollidierte. Und dass die Neue Frauenbewegung, wenn auch nicht immer bewusst, im Kontext des Befreiungskampfes der kolonisierten Völker entstand. Das gleichzeitige Aufkommen dieser beiden Emanzipationsbewegungen weist schon auf die Tatsache hin, die Simone de Beauvoir 1949 in der Einleitung zum »Anderen Geschlecht« betonte, indem sie erklärte, die Situation der Frau in der Gesellschaft sei nicht ohne soziale und historische Perspektive verständlich.

Ihre bekannte Aussage »Man wird nicht als Frau geboren, man wird es« gab nicht nur Anlass zu essenzialistischer Kritik, wonach sie die biologische Wesensart der Frau verkenne, sondern auch, dass sie als weiße, priviligierte Intellektuelle die Lage der wegen ihrer Hautfarbe und so genannten »Rasse« ausgegrenzten Menschen verkenne. Dagegen zeugen allerdings nicht nur ihre ab 1960 veröffentlichten Tagebücher, sondern auch ihr entschlossenes Denken und Eintreten, wie ich es selbst erlebte, gegen alle Formen der Unterdrückung und Ausgrenzung, sowie die Überzeugung, dass Ergebnisse der Geschichte und der Kulturüberlieferung weder gottgewollt, noch natur- oder schicksalsbedingt und demnach änderbar sind.

Neuere Untersuchungen, wie die der feministischen Soziologin Colette Guillaumin, haben bewiesen, dass der Rechtfertigungsprozess zur Herabsetzung der Frau aufgrund ihres Geschlechts diese in eine ähnliche, aber nicht gleiche Lage versetzt wie andere Menschengruppen aufgrund ihrer so genannten »Rasse«. Rasse ist ein durchaus unwissenschaftlicher Begriff, der erst seit 1945 nach der Bewusstwerdung seiner verhehrenden Folgen im Nationalsozialismus ernsthaft widerlegt wurde, leider aber noch heutzutage in nationalen und internationalen offiziellen Dokumenten benutzt wird. Dabei sollte doch endlich die Erkenntnis vermittelt werden, dass es zwar Sexismus, Rassismus und Antisemitismus gibt, aber keine wissenschaftlich existierende biologische Minderwertigkeit. Es gibt keine guten und schlechten Völker. Es gibt aber gute und schlechte historische Traditionen, die es zu bestärken oder zu bekämpfen gilt. In diesem Sinn ist die, wenn auch noch unvollständige, neue Gesetzgebung der deutschen Staatsbürgerschaft zu begrüßen, die hoffentlich die ethnische Auffassung des »Deutschseins« allmählich beseitigen wird.

Der Begriff Rasse kommt vom italienischen »Razza« und bezeichnete seit dem 15./16. Jahrhundert eine Familie. Im 18. Jahrhundert wurde er durch die Anthropologen im Rahmen des Kolonialismus zur Hierarchisierung der Menschengruppen aufgegriffen. 1879 enstand mit Wilhelm Marr der Begriff Antisemitismus als Antinomie von »arischen« bzw. indoeuropäischen und semitischen Kulturen. Absicht von Marr war es, die vor der Emanzipation der Juden bestehenden soziokulturellen und rechtlichen Schranken zwischen Nichtjuden und Juden wieder aufzurichten. Ab dem 18./19. Jahrhundert wurde so der durch die Erklärung der Menschenrechte aufkommenden soziokulturellen und rechtlichen Emanzipation mit diesem pseudowissenschaftlichen Diskurs entgegengewirkt. Wichtig war auch in demokratischen Ländern das früh eingeführte Staatsbürgerschaftsrecht, das nicht nur Blutrecht, sondern auch Bodenrecht anerkannte.

Doch während in allen Staatsnationen der westlichen Demokratien der Ab- und Ausgrenzungsdiskurs sich auf eine organische Auffassung der Natur begründete, stützten sich die Ideologen des deutschen und österreichischen Kaiserreiches, die erst spät Staats- oder Staatennationen bildeten, auf eine geographisch-rassische Metaphysik: »Die wahre Nation ist die Rasse«. Dieser Unterschied erklärt, warum schon anlässlich der Dreyfuss-Affäre die Auseinandersetzung in Frankreich politisch geführt wurde – zwischen Verteidigern einer unabänderlichen organischen Auffassung der Nation und Verteidigern der seit der französischen Revolution proklamierten Gleichberechtigung aller Menschen mit der Auffassung: Jeder Mensch kann Franzose werden, wenn er es verlangt. Diese Debatte führte schließlich nach langem Kampf zum Sieg von Dreyfuss, der rehabilitiert wurde.

Die Frauen blieben jedoch bei der Durchsetzung der Menschenrechte auf der Strecke. So kennt die französische Sprache nur das Wort »homme«, das immer als »Mann« übersetzt wird, während die deutsche Sprache zwar zwischen Mensch und Mann unterscheidet, diese Unterscheidung aber meistens ignoriert.

Bedeutsam für die Bekämpfung der Judenfeindschaft und neuerdings auch der Frauenfeindschaft war auch die Säkularisierung des öffentlichen Lebens in Frankreich ab Anfang des 20. Jahrhunderts, die Trennung von Staat und Kirche. Diese verschont Frankreich auch heutzutage vor antijüdischen theologischen Entgleisungen wie die amerikanischer und deutscher Feministinnen, sowie vor Konflikten wie den um die katholischen Frauenberatungsstellen.

Es ist gewiss nicht der Kolaborationspolitik Pétains, sondern der historischen Tradition der Menschenrechte zu verdanken, dass 75 Prozent der Juden Frankreichs vor der Deportation gerettet wurden.

Die Ähnlichkeit des Ausgrenzungsdiskurses von Sexismus, Rassismus, Antisemitismus sollte jedoch nicht, wie dies auch in der Frauenforschung vorkommt, zur Angleichung führen. Wohlverstanden ist diese Banalisierung nicht identisch mit der Absicht der Gegner und Gegnerinnen der Frauenemanzipation, die die Pille als Zyklon B, Abtreibung als »Endlösung« bezichtigen und Wallfahrten nach Auschwitz und Messen für die Seelen der ungeborenen Kinder veranstalten. Doch findet man auch in feministischen

Aussagen die Gleichsetzung von Gynozid mit Genozid, die Bezeichnung »Endlösung« für die neuen Reproduktionstechniken. Auch eine Behauptung, das Leben der Frauen in den USA entspräche fast »einer das ganze Jahr während Kristallnacht«, verhindert die Wahrnehmung von Menschengruppen, das heißt Frauen, Männer und Kinder, die spezifischen Formen der Diskriminierung und Verfolgung ausgesetzt sind. Eine solche Banalisierung versperrt auch den Blick für die Teilhaftigkeit von Frauen als Glieder einer Mehrheitsgemeinschaft gegenüber Minderheiten.

Die Ideologie von der biologisch begründeten Minderwertigkeit des weiblichen Menschen, die der Sexismus voraussetzt, hält ja nicht automatisch alle Frauen davon ab, diese Vorstellung auf Minderheiten zu übertragen und bei deren Anwendung mitzuwirken. Dies zeigt die Geschichte des Kolonialismus und des Nationalsozialismus, und es besteht weiter in deren Gegenwart, wenn auch in anderen Formen.

In ihren Aufzeichnungen über Ravensbrück stellt die deportierte Ethnologin Germaine Tillons fest, dass die aufgeschlossensten, solidarischsten Frauen diejenigen waren, die wegen »Rassenschande« ins KZ kamen, da sie durch eigenständige Entscheidung eine im Namen der Rassenpolitik strengstens verbotene menschliche Verbindung aufrechterhielten und dafür bereit waren, ihr eigenes Leben aufs Spiel zu setzen. Wie die Berliner Frauen der Rosenstraße, die als christliche Frauen mit Kundgebungen auf der Straße ihre jüdischen Männer vor der Deportation retteten – die Gestapo traute sich nicht, mitten in Berlin auf die Frauen zu schießen.

Damit komme ich zum letzten Aspekt meines Beitrages, das heißt zur zukunftsträchtigen Bedeutung Grenzen und Schranken durchbrechender Solidarität. Manche Feministinnen der Nachkriegsgenerationen werfen Simone de Beauvoir vor, sich erst über 20 Jahre nach dem »Anderen Geschlecht« aktiv als Feministin engagiert zu haben. Dabei verkennen sie den Geschichtsverlust, als die neue Frauenbewegung ganz von vorne ohne Kenntnis der Kämpfe ihrer Vorgängerinnen nach über einer Generation begann. Auch Beauvoir hat, wie viele Frauen unserer Vorkriegsgeneration, lange geglaubt, die sozialistische Revolution würde zwangsläufig auch zur Emanzipation des weiblichen Menschen führen. So war es auch kein reiner Zufall, dass ich Sartre und Beauvoir 1956 anlässlich der Weltfriedenskonferenz in Helsinki kennen lernte, wo ich mit Müh und Not ihre ziemlich schroffen, die Wortendungen verschluckenden Beiträge in der Kulturkommission übersetzte. Von da an trafen sich unsere Wege oft in politischen Kundgebungen und Komitees sowohl gegen den Algerienkrieg und die Untaten der französischen Armee, als auch gegen die Repression der Sowjetunion gegen Juden, die diese als »zionistische Agenten des amerikanischen Imperialismus« verfolgten. Auch bei Prozessen gegen neo-nazistische und rechtsextremistische Veröffentlichungen, in denen die ersten Verneiner der Shoa zu Wort kamen, traf ich beide.

Und dann traf ich Simone de Beauvoir in der Frauenbewegung wieder.

In einer 1983 mit zwei französischen Journalistinnen geführten Unterhaltung sagte Beauvoir, ihr »Anderes Geschlecht« habe als erste Synthese zur Lage der Frauen einen wegweisenden historischen Beitrag geleistet, weise aber wie alle Gesamtuntersuchungen Lücken auf, die allmählich behoben werden könnten. Sie sah die Notwendigkeiten von spezifischen Frauengruppen zur Aussprache und Bewusstwerdung ihrer spezifischen Probleme ein, fügte aber hinzu, es gäbe soziokulturelle Fragen, die Frauen und Männer beträfen und daher eine gemeinsame Auseinandersetzung forderten. Da jedoch die Menschenrechte bis zur Gegenwart nicht so universell seien, wie es behauptet werde, begrüße sie die Gründung einer »Liga der Frauenrechte«.

Der Geschichtsverlust im Nachkriegsdeutschland, diese von Alexander und Margarete Mitscherlich bezeichnete »Unfähigkeit zu trauern«, war hier besonders stark ausgeprägt. Aber er bestand auch in den Ländern der Sieger, so in Frankreich, wo die Entmythologisierung der eigenen Geschichte erst in den 70er Jahren begann. Nie völlig unterbrochen waren die internationalen Beziehungen im Rahmen von Organisationen wie der »Women's League for Peace and Freedom« und dem »International Congress of Women«. Letzterer hatte immerhin 1933 zur Selbstauflösung des Bundes deutscher Frauenvereine geführt, anstatt Gertrud Bäumers Vorschlag zur Anpassung durch den Ausschluss jüdischer Mitglieder und Wahl nationalsozialistischer Vorstandsmitglieder zu folgen.

Diese nach 1945 weitergeführten internationalen Verbindungen und die im Widerstand neu entstandenen Solidaritäten bahnten auch für uns jüdische Überlebende nach Kriegsende den Weg zur Begegnung mit deutschen Frauen. Manche scheiterten, andere gestalteten sich im Lauf der Jahre zur dauerhaften Zusammenarbeit. Gemeinsam vertreten wir die Forderung der Frauen auf verantwortungsbewusste autonome Verfügung über ihren eigenen Körper. Die Unterwerfung des weiblichen Menschen und seine Aneignung bilden den Kern der dominierenden Männergruppe. Daraus resultiert aber auch für Frauen als Glieder einer Mehrheitsgruppe ein Machtverhältnis gegenüber Minderheiten.

Sowohl unsere seit 16 Jahren von der Wissenschaftlichen Internationalen Frauenstiftung initiierte Forschung über Frauen und Faschismen, als auch andere internationale Tagungen zum Thema Feminismen und nationale Identitäten haben gezeigt, wie stark die verschiedenen Formen des Feminismus mit nationalen historisch-politischen Traditionen verbunden sind. Diese Tatsache zu verschleiern durch das Postulat der Gleichheit aller Frauen qua ihres »natürlichen«, metaphysischen Unterschieds käme einer Weigerung gleich, die soziokulturellen Verschiedenheiten wahrzunehmen und sich den daraus entstehenden Gegensätzen zu stellen.

Darum erleben wir engagierten jüdischen Frauen –
wie engagierte Frauen anderer diskriminierter Menschengruppen – eine immer noch währende Dichoto-
mie oder gar Schizophrenie. In Organisationen, die
für Menschenrechte, gegen Rassismus und Antisemitismus eintreten, plädieren wir meistens vergeblich
für die spezifischen Anliegen der Frauen – während
wir in der Frauenbewegung kein oder kaum Gehör
für unsere Geschichte und Probleme als Angehörige
einer diskriminierten Minderheit finden.

Doch in einer Welt, die mit der Globalisierung
wachsende Ungleichheiten und daraus entstehende
Konflikte hervorbringt, können Frauen sich nicht mit
Analogien, geschweige denn Gleichsetzung von
Sexismus, Rassismus und Antisemitismus begnügen
und damit gewissermaßen alles auf eine Dimension
reduzieren. Unsere Forderung zur Dekolonisierung
der weiblichen Menschen setzt ein Geschichtsbe-
wusstsein voraus, das alle drei Dimensionen berücksichtigt, aber nicht gleichsetzt.

1) Alfred Rosenberg, »Der Mythus des 20. Jahrhunderts. Eine
Wertung der seelisch-geistigen Gestaltenkämpfe unserer Zeit«,
(1930), München

Obioma Nnaemeka, Romanistin, ist in Nigeria, im Stamm der Igbo, geboren. Sie lebt heute in den USA und unterrichtet an der Universität in Indianapolis Romanistik, Women's Studies und afro-amerikanische Studien. Nnaemeka gründete u.a. die »Association of African Women Scholars« und ist in zahlreichen internationalen Organisationen für die Rechte der Frauen und der Schwarzen aktiv. Sie hat zwei Kinder.

AFRIKANERINNEN UND FEMINISMUS

Obioma Nnaemeka

Ich bin eine Igbo-Frau. Im meiner Heimat, dem Igboland im Süden Nigerias, versteckt sich in allen
Sprichwörtern ein Fünkchen kollektiver, gemein-
schaftlicher Weisheit. Ich habe Ihnen zwei davon mit-
gebracht: »Ife kwulu ife akwudebie« – Wo etwas
steht, steht etwas anderes daneben. Hier geht es um
Nachbarschaft, um Nähe und Verbindung. »Adiro
akwu ofu ebe enene nmanwu« – Man bleibt nicht auf
der Stelle stehen, wenn man beim Maskenumzug
zuschaut. Kostümierte Umzüge bewegen sich. Die
Menschen tanzen und ziehen weiter. Und mein Volk
sagt, dass man auch beim Zusehen nicht auf einer
Stelle steht. Dieses Sprichwort hat mit dem Wechsel
der Perspektive zu tun, und darüber möchte ich heute
sprechen.

Denn wir müssen die Dinge aus unterschiedlichen
Perspektiven betrachten, aus unterschiedlichen und
wechselnden Perspektiven. Am Christentum und seinem Gott verstand mein Volk eines nicht: Der Gott
der Christen sagt: »Ich bin der Weg«. Diese Art von
Ausschließlichkeit und Beschränktheit ist für uns
absolut unakzeptabel.

Die schwarzen Frauen, insbesondere die afrikanischen Frauen, sind dreifach benachteiligt: im Rahmen der Geschlechterpolitik der schwarzen Welt, im

Rahmen der weltweiten Nord-Süd-Politik und im Rahmen der feministischen Bewegung.

Simone de Beauvoir und Jean-Paul Sartre haben – insbesondere dank ihrer Auseinandersetzung mit dem Rassismus und ihrem Kampf dagegen – unsere Bewunderung und unseren Respekt verdient. Sie erkannten den gesellschaftlichen Nutzen von Bildung. Sie erkannten die Beziehung zwischen intellektuellem Leben und gesellschaftlichem Wandel. Sie erkannten Fehler und redeten und schrieben dagegen an. Sie erkannten Ungerechtigkeiten und versuchten, sie zu beseitigen. Sie ergriffen Partei für den schwarzen Befreiungskampf, verdammten Antisemitismus und Kolonialismus und erhoben sie sich gegen Rassismus, Klassengesellschaft und Sexismus.

Die Texte, auf die ich in diesem Zusammenhang eingehen möchte, sind vor dem »Anderen Geschlecht« erschienen, nämlich 1948. Der erste ist Beauvoirs »Amerika Tag und Nacht«. 1947 reiste Simone de Beauvoir für fünf Monate in die Vereinigten Staaten und führte darüber ein ausführliches Tagebuch. Sie schrieb: »Als ich später mit J. L. und V. in einem großen, eleganten Restaurant des Loop sitze, in dem Cocktails und gerösteter Hummer serviert werden, kann ich kaum glauben, dass dies noch die gleiche Stadt ist. Bevor sie mich zum Bahnhof bringen, zeigen sie mir die Skyline im Lichterglanz, sie ist fast ebenso schön wie die von New York. Aber zurückschauend denke ich: Wenn ich gestern Abend nicht so eigensinnig gewesen wäre, hätte ich von Chicago kaum mehr als eine Kulisse aus Steinen und Lichtern und kaum mehr als eine verlogene Fassade von gesitteter Üppigkeit kennen gelernt. So aber habe ich einen Blick hinter die Kulissen werfen und eine wirkliche Stadt sehen können, tragisch und alltäglich, faszinierend wie alle Städte, in denen Menschen aus Fleisch und Blut zu Millionen leben und kämpfen.«[1]

Ebenfalls im Jahre 1948 kam Jean-Paul Sartre mit dem »Schwarzen Orpheus« heraus. Auch hier stehen Schwarze (Männer) im Mittelpunkt. Wir kennen den imperialistischen Blick, die Art, wie der Imperialist den Kolonialisierten betrachtet. Und nun sagte Sartre: Seht, die Schwarzen schreiben! Und seht euch an, wie und was sie schreiben! Sartre: »Was habt ihr euch denn erhofft, als ihr den Knebel abnahmt, der diese schwarzen Münder verschloss? Dass sie Lobgesänge für euch anstimmen würden? Habt ihr geglaubt, ihr könntet in diesen Gesichtern, die unsere Väter mit Gewalt in den Staub gedrückt hatten, Verehrung lesen, wenn sie sich wieder erheben würden? Hier stehen Menschen, die uns anblicken, und ich wünschte, ihr würdet wie ich den Schock empfinden, angeblickt zu werden.«[2]

Ich bewundere Beauvoir und Sartre für ihr Engagement gegen den Rassismus und ich denke, wirklich schädigend für Simone Beauvoir ist die Einseitigkeit, mit der sie von der feministischen Wissenschaft beschlagnahmt wurde. Und ich danke Margaret Simons für ihr wunderbares Buch über Beauvoir, denn sie geht auf das Thema Rassismus ein – das entscheidend für das Verständnis von Beauvoir ist.

Kommen wir nun zu den Schwachstellen. Befasst man sich mit Sartre, erkennt man meines Erachtens, dass wir ein gewisses Problem von damals heute immer noch haben, auch in der feministischen Wissenschaft. Das Problem des kolonialistischen und post-kolonialistischen Diskurses ist nämlich die Unfähigkeit geblieben, gleichzeitig Rasse und Geschlecht zu benennen. Ebendiese Schwierigkeit haben wir auch in der feministischen Wissenschaft: Geschlecht und Rasse werden nicht in gleichem Maße berücksichtigt.

Wenn beispielsweise bei Sartre von den Schwarzen, den Kolonialisierten die Rede ist, kommt die schwarze Frau nicht vor. Ebenso wenig bei Beauvoir. Sie sprechen über »les noirs« (die Schwarzen), aber nur in der männlichen Form. Sartre schreibt über »le juif« (den Juden), und nicht über »la juive« (die Jüdin). Sie haben die aus beiden Geschlechtern bestehende Ganzheit sozusagen homogenisiert, ja sogar maskulinisiert.

Dieses Problem besteht im Feminismus heute noch. Als Simone de Beauvoir die Stellung des Sklaven mit der der Frau verglich, sagte sie tatsächlich, die Frau sei schlechter dran als der Sklave. Denn für Beauvoir war der Sklave ein Mann. Aber was ist mit den weiblichen Sklaven?

Ich habe grundsätzlich ein Problem mit der Kategorisierung oder dem Vergleich von Unterdrückungsarten. Unterdrückung ist falsch! Punkt. Beispielsweise könnte es mir passieren, dass mich jemand irgendwo nicht bedienen möchte. Ich kann nicht wissen, ob es daran liegt, dass ich schwarz bin oder dass ich eine Frau bin. Und es ist mir auch egal. Fakt ist: Ich bin unterdrückt worden. Alles andere spielt keine Rolle.

Im Zentrum der feministischen Politik steht das Problem der Abgrenzung. Im Herzen des feministischen Engagements afrikanischer Frauen steckt der Wunsch, Grenzen zu überschreiten. Oft verliert die feministische Theorie und Praxis in der westlichen Welt aufgrund ihrer Fixierung auf diese Grenzen aus den Augen, was wirklich an Grenzen da ist. Als feministisch engagierte Afrikanerin glaube ich, wir müssen mit dem kulturellen (Neu)Verständnis von Grenzen beginnen.

Aus afrikanischer und besonders aus Igbo-Sicht enden oder stagnieren Dinge nicht an Grenzen; Grenzen sind keine Sackgassen, bedeuten keinen Stillstand. An Grenzlinien treffen sich vielmehr unterschiedliche Welten, und es passiert dort etwas. Das Blutvergießen an Grenzen zeigt, dass Grenzen keine grenzenlose, sondern lediglich eine relative Macht haben. Mit anderen Worten: Grenzen sind nicht unüberwindbar! Wenn man Grenzen derart verabsolutiert und konkretisiert (auch durch Mauern, Zäune, Schlagbäume), schreibt man ihnen eine Macht zu, die sie glücklicherweise nicht haben.

Oft sind Grenzen nur imaginäre Linien – ausgedacht und aufrechterhalten von der Bündnispolitik. Für eine wirksame Zusammenarbeit und eine fruchtbare, haltbare Koalition müssen wir erkennen, wie viel Erdachtes an Grenzen ist und ihnen nicht in die

Falle gehen. Und was das Knüpfen von Bündnissen angeht: Afrikanische Frauen verschwenden keine Zeit damit, Grenzen zu erfinden und sie aufzubauen – sie überqueren Grenzen. Nicht, um die andere Seite zu erobern, sie zu beherrschen oder zu vernichten. Sie überqueren Grenzen, um eine Verbindung zur anderen Seite herzustellen, sie zu umarmen, mit ihr zusammenzuarbeiten.

Afrikanische Frauen und Feminismus, das war überall in der Welt eine Geschichte der Begegnungen, oftmals schmerzhafter Begegnungen. Von einer solchen Begegnung möchte ich erzählen:

Der Fotograf Mark Beach, ein weißer Amerikaner, trifft die Krankenschwester Sibdou Ouaba, eine Afrikanerin. 1995 veröffentlichte das Mennonite Central Committee (MCC) in Burkina Faso ein Fotoprojekt mit dem Titel »Träume unserer Nachbarn«. Seine Erfahrungen schilderte Beach in einem Artikel mit dem Titel »Einzelfoto, undenkbar für eine afrikanische Frau«: »Als ich meine Kamera auf das Stativ geschraubt hatte, sah ich mich in dem kleinen Hof nach einem geeigneten Hintergrund für das Porträt von Sibdou Ouaba um. Hühner pickten auf der Suche nach Hirsekörnern im staubigen Boden um die Lehmhütten. Ich bat Sibdou, sich dort hinzustellen, wo das Licht besonders gut war. Sibdou war einverstanden und rief sogleich nach ihren vier Kindern und versammelte sie um sich. Mein Problem war: Ich wollte nur Sibdou auf dem Foto. Als Kompromiss machte ich ein paar Fotos von der ganzen Familie.

Dann bat ich sie, allein zu posieren. Sie lächelte und rief wieder nach ihren Kindern. Ich bewegte die Kamera leicht zur Seite, in der Hoffnung, die Kinder später in der Dunkelkammer abschneiden zu können. Aber wie sich die Kamera bewegte, so bewegten sich auch Sibdou und die Kinder. Erst in die eine Richtung, dann in die andere. Sibdou stellte schließlich die Zwillinge vor sich auf; ich war geschlagen. Ich hatte endlich begriffen, dass ein Foto von Sibdou immer gleichbedeutend war mit einem Foto der ganzen Familie. Und sie hatte nur darauf gewartet, dass ich es endlich begriff. Als ich schließlich zwei Fotos von Sibdou allein machte, waren es einsame Fotos.«

In dieser Begegnung kollidiert Sibdous Wahrnehmung ihrer selbst, ihrer Identität und des Raums mit Mark Beachs Wunsch, Sibdou neu nach seiner eigenen Daseinsauffassung zu erschaffen – allein dastehend, mit persönlichem Freiraum. Im Vorspann heißt es, Beach habe »eine Lektion in Sachen Individualismus erhalten, als er eine Krankenschwester in West-Afrika fotografierte«. Aber das ist es doch gar nicht, was dieses Erlebnis Beach lehrte. Er war der, der Sibdou Individualismus lehren wollte, und Sibdou lehrte ihn im Gegenzug Gemeinschaftlichkeit, Bündnis, Verbundensein. Wenn man sagt, Beach habe etwas in Sachen Individualismus gelernt, bestätigt das nur, was wir schon wissen: dass Imperialisten und Kolonialisten niemals von den Unterdrückten lernen – sie belehren die Unterdrückten. Sie stellen keine Fragen.

Sie fabrizieren ungefragt Antworten oder geben Antworten auf Fragen, die niemand gestellt hat.

An der Universität von Minnesota sind, wie überall in den Toiletten, Tausende von Graffitis an den Wänden, manche schlau, manche absoluter Müll. Aber an einen Slogan erinnere ich mich in diesem Zusammenhang: »Jesus ist die Antwort« stand da. Und jemand anderes hatte darunter geschrieben: »Was war denn die Frage?«

Beim Engagement für unsere Arbeit in der Frauenbewegung und der feministischen Wissenschaft wird so manche von uns Frauen aus der so genannten »Dritten Welt« sich ihrer Ambivalenz bewusst. Angesichts der Widersprüche zwischen schwarzem Befreiungskampf und feministischem Programm schwanken wir zwischen Hoffnung und Verzweiflung. Die feministische Realität frustriert und schwächt uns, aber seine Utopie stärkt uns. Denn unglücklicherweise schafft die Politik des Feminismus bestenfalls das Bewusstsein für Unterschiede, während sie die Entwicklung des Feminismus zu einem politisches Instrument verhindert, das den gemeinsamen Kampf im Schnittpunkt der Unterschiede führt. Und die Auseinandersetzung mit den Überschneidungen der Kategorien Rasse, Klasse, Ethnizität berücksichtigt leider nicht die Grenzen innerhalb dieser Kategorien. Wir afrikanischen Frauen sind Opfer des »Große-Schwester-Syndroms«, das die westliche feministische Bewegung durchdringt. Uns wird die Kompetenz abgesprochen, Wissenswertes beitragen zu können.

Wie kann eine Afrikanerin aus dem Igboland sich da einbringen? Sind auch afrikanische Frauen Feministinnen? Ja, das sind wir, aber Feministinnen auf unsere Art. Feminismus ist kein afrikanisches Wort. Sie haben auf dem afrikanischen Kontinent ihre eigene Bezeichnung und müssen sich auf ihre eigenen Erfahrungen berufen.

Vor kurzem fragte mich eine Kollegin nach der Struktur des afrikanischen Feminismus, wie die Afrikanerinnen sie definieren. Meine spontane Antwort war, dass die meisten afrikanischen Frauen ihren Feminismus nicht definieren, sie tun einfach etwas. Es ist die Dynamik des Schauplatzes mit seinen wechselnden Mustern, die den feministischen Geist Afrikas, das feministische Engagement dort so lebendig und aufregend macht und gleichzeitig so schwer zu erfassen und zu benennen.

Wenn man den afrikanischen Feminismus erklären will und dabei den westlichen Feminismus im Kopf hat, ordnet man den afrikanischen Feminismus irgendwo zwischen Widerstand und Negativismus ein – mit dem Argument, der afrikanische Feminismus sei das, was der westliche Feminismus nicht ist. Es gibt einige Unterschiede: Zunächst einmal ist der afrikanische Feminismus, wenn man Widerstand im Sinne der »BH-Verbrennungen« in den 60er Jahren versteht, kein radikaler Feminismus. Zweitens wertet der afrikanische Feminismus Mutterschaft nicht ab und empfindet Mütterpolitik nicht als unfeministische Politik. Drittens steht die Sprache des feministischen

Engagements in Afrika im krassen Gegensatz zur Sprache des Feminismus im Westen (fordern, unterbrechen, dekonstruieren, auseinander nehmen usw.): Der afrikanische Feminismus erreicht sein Ziel durch Verhandlungen und Kompromisse. Viertens haben die Afrikanerinnen Vorbehalte gegen die Betonung der Bedeutung von Sexualität im westlichen Feminismus. Diese Akzentsetzung bedingt beispielsweise die Art und Weise, den Ton, das Gesicht und vor allem den Modus operandi des Aufstands des westlichen Feminismus gegen die Beschneidung von Frauen in Afrika und der arabischen Welt. Und fünftens unterscheiden sich afrikanischer und westlicher Feminismus hinsichtlich der Prioritäten.

Ich habe mich immer auf meine Kurse über schwarze Schriftstellerinnen gefreut, denn sie haben eine besondere Bedeutung für mich. Die Kraft, die Schönheit und der Zauber der Texte von talentierten schwarzen Frauen aus Afrika und der afrikanischen Diaspora nähren und stärken mich. Von Toni Morrison, die mit aller Zärtlichkeit die Größe unseres Volkes beschreibt und auch die Fehler; über Mariana Ba und Ama Ata Aidoo, deren Lyrik sogar Schmerz mit Schönheit schmückt; Simone Schartz-Bart und Paule Marshall, deren weibliche Figuren so stark sind wie wir Frauen im Igboland; Maya Angelou, deren Stärke und Glaube an die Hoffnung ich als erhebend empfinde. Bis hin zu Audre Lorde, die uns die wahre Bedeutung der Schwesterlichkeit gelehrt hat, indem sie uns mahnte, über die Unterschiede hinweg würdevoll und in gegenseitigem Respekt miteinander zu sprechen; und Alice Walker, deren Arbeiten die poetische Kraft besitzen, die die LeserInnen verführt und herausfordert.

Diese Frauen, die jede auf ihre eigene Art den Reichtum und die Schönheit unserer Heimat beschrieben haben, inspirieren und stärken mich. Ich zolle ihnen allen Tribut, doch will ich Alice Walkers schwierige Position zwischen Geschlechtergleichheit und Imperialismus nicht verschweigen. In den Kontroversen um ihre beiden jüngsten Werke, »Possessing the Secret of Joy« und »Warrior Marks« (Buch und Film), wird Walkers problematische Darstellung Afrikas und der AfrikanerInnen in ihrem Werk deutlich.

Wir schwarzen Frauen entstammen einer langen Linie außergewöhnlicher GeschichtenerzählerInnen. Alice Walker erhebt, wie Toni Morrison und andere, zu Recht Anspruch auf diese Herkunft und ihr Vermächtnis. Aber in meinen Augen offenbart sich Alice Walker auch als Nachkömmling einer anderen Linie, der Linie von Joseph Conrad, der imperialistischen Linie.

Gäbe es die Juden nicht, so Jean-Paul Sartre, hätte sie der Antisemitismus erfunden. Ich verwende dieses Zitat in veränderter Form: Gäbe es die Beschneidung nicht, hätte der westliche Feminismus sie erfunden. Denn so haben wir eine sinnvolle Aufgabe. Aber wir fürchten, Fragen zur Beschneidung zu stellen und reisen nach Afrika, sehen uns um, stellen aber keine Fragen. Warum? Beschneidung wird in nicht wenigen Gebieten Afrikas gar nicht praktiziert. Selbstverständlich, über die Beschneidung muss aufgeklärt werden und sie gehört verurteilt – aber es ist die Art und Weise, wie wir die Sache angegangen sind, die problematisch ist.

Es gibt Orte in Afrika, da hat man nicht einmal von Beschneidung gehört. Und warum? Es gibt sogar Orte, wo sie früher einmal praktiziert wurde und heute nicht mehr. Warum? Weil die Menschen, die dort leben, ihre Gesellschaft verändert haben. Und wir sollten ihnen dieses Privileg zugestehen, wir sollten ihnen Anerkennung zuteil werden lassen. Wir Afrikanerinnen sind nicht so machtlos, wie wir gerne dargestellt werden.

Wie also steht es um die Bündnisse über kulturelle, natürliche und Klassen-Grenzen hinweg? Können afrikanische und westliche Feministinnen überhaupt Bündnisse schließen? Natürlich können sie das! Unser Kampf ist komplex und wandelt sich ständig. Aber vor allem ist es ein Kampf mit einer langen Geschichte, wie dieses wunderbare Zitat erklärt:»Unser Kampf ist auch der Kampf der Erinnerung gegen das Vergessen« – um die Geschichte des Vergessens anzuhalten, das uns letztlich auf die andere Seite zwingen würde, ins Reich der Machtlosigkeit und Verzweiflung.

Wir dürfen nicht verzweifeln, wenn wir das Vermächtnis von Simone de Beauvoir lebendig halten wollen. Trotz ihrer Zweifel, Ängste und Enttäuschungen versuchte sie, die Hoffnung nicht aufzugeben.

Trotz der vielen Unzulänglichkeiten, die Beauvoir in Amerika entdeckte, war sie fasziniert von dem dominierenden Aspekt der amerikanischen Seele: dem Optimismus. Und so notierte Beauvoir in ihr Reisetagebuch: »Optimismus ist nötig für den sozialen Frieden eines Landes und seine wirtschaftliche Prosperität.« Simone de Beauvoir entging der amerikanische Optimismus nicht, denn sie erkundete das Land in ihrer nicht kleinzukriegenden optimistischen Art. Dieser hoffnungsvolle Geist ist ihr Vermächtnis. Ein Vermächtnis, mit Hilfe dessen der weltweite Feminismus auch im neuen Jahrtausend weitergehen wird.

1) Simone de Beauvoir: Amerika Tag und Nacht (S. 104/105), Reinbek
2) Jean-Paul Sartre: Schwarze und weiße Literatur, Aufsätze zur Literatur 1946–1960 (in: Traugott König: »Jean-Paul Sartre. Gesammelte Werke, Schriften zur Literatur«, S. 39), Reinbek

FEMINISTISCHE THEORIE
UND PRAXIS

Fay Weldon, Schriftstellerin, ist eine frühe Aktivistin der englischen Frauenbewegung und arbeitet seit Mitte der 70er
Jahre als Schriftstellerin. Ihr Roman »Die Teufelin« wurde in
Hollywood verfilmt. In den letzten Jahren äußerte sie sich
wiederholt zu der Gefahr des islamistischen Fundamentalismus. Weldon kam in England zur Welt und wuchs in Neusee-
land auf. Sie veröffentlichte rund 20 Romane, dazu Erzählun-
gen, Drehbücher und Artikel. Fay Weldon ist zum dritten Mal
verheiratet und hat vier Söhne.

WIR HABEN DEN FEIND VERLOREN

Fay Weldon

Die Welt entwickelt sich weiter. Spielregeln, die noch vor 30 Jahren für gut befunden wurden, gelten nicht mehr. Dem Feminismus ergeht es dabei nicht anders als den übrigen »ismen« der Welt. Die Kultur bewegt und verändert sich. Da Männer und Frauen sich immer ähnlicher werden, ist die Konfrontation kein probates Mittel mehr.

Das sollte uns glücklich machen, tut es aber nicht. Denn Furcht und Schrecken vor dem Feind vereinten uns und zeigten uns, wo's langgeht: die Angst machte uns zu Schwestern. Den Feind zu verlieren, ist schwer. Sich um ihn in seiner Niederlage kümmern zu müssen ist bitter, aber unerlässlich, um das Schlimmste zu verhindern.

Vor 30 Jahren, als die letzte große Welle des Feminismus anlief, waren wir gewohnt, in Polaritäten zu denken. Kommunismus versus Kapitalismus, sozialistisch versus libertär, links versus rechts, dunkle Haut versus weiße. In diesem Rahmen machte der Kampf der Frauen gegen das Patriarchat Sinn. Die Politik der Ressentiments war einfach. Die weibliche Hälfte der Welt erhebe sich im gerechten Ärger gegen die männliche! Wir hatten nichts zu verlieren außer der Hausarbeit. So dachten wir jedenfalls.

Das Denken in Polaritäten war gefährlich. Während die Frauen gegen die Männer aufbegehrten, bekriegten sich die Männer gegenseitig. Noch vor 20 Jahren kämpften Kommunisten und Kapitalisten so erbittert gegeneinander, dass die Welt um ein Haar durch einen nuklearen Holocaust zerstört worden wäre. Wir nannten das »Mutually Assured Destruction« (Gegenseitig garantierte Zerstörung) – kurz gesagt »M.A.D.«, verrückt.

Die Angst war so groß, glaube ich, dass wir vernünftig wurden. Die alte männliche Politik der Drohgebärden und des Säbelrasselns musste ausgetauscht werden; sie war zu gefährlich, und die Waffen – entworfen, konstruiert und gehandelt von Männern – zu Furcht erregend geworden. Die Früchte des unmodifizierten Testosterons waren zu sauer, um die gewünschte Sicherheit bringen zu können.

Als Erster senkte der Kommunismus seine Augen, um den feindseligen Blick zu brechen, und ich war live dabei. Im Jahre 1989 nahm ich gerade an einer Konferenz in Moskau teil, als Gorbatschow verkündete, der Krieg könne nicht länger die Weiterführung der Revolution mit anderen Mitteln sein. Die Waffen waren zu teuer und Grauen erregend. Und so räumte der Kommunismus dem Kapitalismus das Feld.

Heute gibt auf ebensolche Weise die männliche Gesellschaft den Frauen nach. Der Kampf war zu schrecklich, der Konflikt im trauten Heim zu teuer. Die Kapitulation begann in den 80er Jahren, als die Männer anfingen, nach ihrer Anima zu suchen, oder zumindest dachten, sie sollten es: in Kontakt treten mit ihren weiblichen Anteilen. Seit die Geschlechterrollen sich immer stärker annähern, fällt ihnen das immer leichter: Viele junge Männer von heute haben mehr Anima als Animus. Sie gehen einkaufen und wickeln das Baby und denken sich nichts dabei.

Private und staatliche Politik gehen Hand in Hand. Auch der Staat hat ein Geschlecht, und in den letzten fünf Jahren ist aus Vater Staat eher Mutter Staat geworden. Man merkt es an der Wortwahl unserer neuen Regierungen: Ihre Verlautbarungen sind oft anrührend gefühlvoll, sorgend, teilnahmsvoll, entschuldigend. Sie ziehen sogar in den Krieg, weil sie sich um die Welt sorgen! Die alten grauen Männer in Schlips und Kragen haben an Glaubwürdigkeit verloren; ihre traditionell männlichen Tugenden sind aus der Mode gekommen: Patriotismus, Rechtschaffenheit, Moralität, Durchhaltevermögen, Mut.

Wer redet noch von den positiven Eigenschaften des Patriarchats, die das Leben unserer Vorväter und -mütter bestimmten? Wir wollen regiert werden von einer Politik des Konsens, vom friedlichen Ausgleich, von pazifistischem Wunschdenken – und nicht von einer Regierung auf Konfrontationskurs. In der gesamten westlichen Welt verlieren Rechts und Links ihre Bedeutung. Wir sind lieber einer Meinung, denn dann sind wir schneller zu Hause beim Tee, aufgewärmt in der Mikrowelle.

Wo steht die feministische Bewegung in dieser veränderten Welt? Befindet sie sich nicht mehr im

Belagerungszustand, sondern ist Teil des Establishments geworden? In das Staatswesen einverleibt zu werden ist das Schicksal einer jeden erfolgreichen Revolution. Der Feminismus wirkt allmählich altmodisch. Eine neue junge Generation – Germaine Greer nennt sie »Lippenstift-Feministinnen« – hat übernommen und spaltet die Bewegung, indem die Jungen der alten Garde vorwerfen, am alten Feindbild »Mann« festzuhalten, doch genau das tun sie selbst. Ist es doch diese junge Frauengeneration, die Männer beschimpft und verspottet, ihr Selbstvertrauen untergräbt und sie als unsensible Brutalos abtut.

Und so verhält sich die aufgeweckte junge Frau von heute, die nach einem Partner sucht – ja, sie will immer noch einen, obwohl mir scheint, sie sucht mittlerweile eher eine Freundin im Körper eines Mannes, und wo gibt es so was schon? –, sich weiterhin so, als lebten wir 30 Jahre zurückversetzt; sie benutzt die alte Rhetorik und gibt dem ohnehin geschlagenen Feind noch eins obendrauf: Junge Männer klagen heutzutage über Impotenz.

Und doch ist diese Rhetorik im Grunde überzeugend. Männer sind doch stärker als wir, sie vergewaltigen uns immer noch, pöbeln uns an, benutzen uns als Sexobjekt. Wenn wir uns in sie verliebt haben, verschwinden sie und lassen uns mit den Kindern sitzen, behindern unser Fortkommen und nehmen sich viel mehr als ihre Hälfte von den Gütern der Welt! Normale Menschen würden so etwas doch gar nicht tun; es muss daran liegen, dass sie Männer sind. Geschlechtszugehörigkeit als ausschlaggebendes Argument: fieses, brutales Testosteron gegen unfehlbares Östrogen. Frauen sind gut, Männer böse. Man sieht doch immer wieder, wie schnell das gehen kann. Die Taliban ziehen in Kabul ein, und Frauen, die einmal Doktorinnen und Rechtsanwältinnen waren, marschieren unter dem Schleier zurück ins finstere Mittelalter.

All das ist wahr, und doch bleibe ich dabei: Zumindest in der westlichen Welt ist der Sieg unser – ungeachtet der kleinen Horde unbelehrbarer Macho-Krieger, die uns Frauen weiterhin aus dem Hinterhalt ins Visier nehmen. Wir müssen anfangen, uns wie Eroberer zu verhalten, würdevoll, gnädig und freundlich. Jedenfalls, wenn wir weiter mit dem Feind schlafen und in familienähnlichen Strukturen zusammenleben wollen. Und wenn wir wollen, dass unsere männlichen Kinder mit Gespür für die eigenen Werte aufwachsen.

Bei uns in England ist es so weit, dass sogar die Fernsehwerbung Männer als lächerliche, reduzierte, uneffektive Wesen verspottet – und die demoralisierten Männer protestieren nicht einmal. Sie lachen mit uns darüber. Wir demütigen die Männer, wie sie uns vor 30 Jahren gedemütigt haben: Wir machen sie im Öffentlichen wie im Privaten lächerlich, und sie, die armen besiegten Würmchen, lachen mit uns darüber, genau wie wir früher mit ihnen gelacht haben.

Wir nehmen den Männern das Gefühl, zu etwas nutze zu sein, ihre Daseinsberechtigung, und wenn wir nicht durch und durch separatistisch veranlagt sind und ewig in unserem Sieg schwelgen wollen, kann uns das nicht gut tun. Früher mussten wir Männer darauf hinweisen, dass Frauen auch Menschen sind. Nun müssen wir uns klarmachen, dass auch Männer Menschen sind. Das Leben ohne Feind ist eine gefährliche Sache. Wenn ich beispielsweise die leiseste Andeutung mache, dass Männer allmählich in dieser veränderten Welt einen schweren Stand haben, werde ich eins, zwei, drei selbst zum Feind. Man nennt mich in England neuerdings die Winnie Mandela des Feminismus.

Ich weiß sehr wohl, dass ich das Publikum am schnellsten zum Lachen und auf meine Seite bringe, wenn ich mich über Männer lustig mache. Und ich weiß, wie man viele Bücher verkauft, auch an eine junge Generation, die selbst nicht wirklich darunter gelitten hat: Am besten erzählt man der Welt, wie schrecklich Männer sind. Groß ist die Versuchung, kann ich euch sagen, denn man wird ja auch ständig darauf gestoßen: ungehobelte, gefühllose, langweilige, wichtigtuerische, lahmarschige, eingebildete, tyrannische, raubtiergleiche, ungeschickte, nicht anpassungsfähige Menschen zweiter Klasse. »Ach, Männer ...«, pflegen wir wegwerfend zu sagen. Es ist zu einer Art kulturellem Reflex geworden – genau wie vor 30 Jahren die Männer »Ach, Frauen ...« seufzten, und alle Frauen als gefühlsduselige, irrationale, boshafte, intrigante, nah am Wasser gebaute, manipulative Nichtskönnerinnen abstempelte, die man unter keinen Umständen ans Steuer eines Busses setzen konnte, geschweige denn ins Cockpit eines Flugzeugs.

Derartiges hört man heute nicht mehr. Die Männer wagen es nicht. Noch einen kräftigen Ruck, so glauben wir, und dann sind wir gleich. Bald werden wir gleich bezahlt, bald haben wir Gerechtigkeit. Aber, liebe Schwestern, wir können den Männern nur gleich werden, so viel Spaß haben wie sie, genauso powern oder ebenso viel Freizeit haben wie Männer, wenn wir aufhören, Mütter zu werden.

Ich denke allerdings manchmal, das wäre ein zu hoher Preis für die Gleichberechtigung. Die feministische Bewegung der 70er und 80er Jahre hat das Problem, das da heißt »Was machen wir mit den Babys?«, nie richtig beim Namen genannt. Und gelöst schon gar nicht. Gleiche Bezahlung für Frauen, in der Theorie schön und gut, in der Praxis bedeutet es eher, wählen zu müssen zwischen einem Leben ohne Kinder oder einem stressigen, erschöpfenden Kampf darum, Arbeitgeber- und Familieninteressen unter einen Hut zu kriegen, von den eigenen gar nicht erst zu reden. Der außergewöhnlichen Frau gelingt das selbstverständlich – vorausgesetzt, sie ist gesund, energiegeladen und entschlossen, aber nicht alle von uns sind so, und nicht immer.

Wir sind Menschen und wir sind Frauen. Wir erkälten uns an der Bushaltestelle, kriegen unsere Periode, haben Liebeskummer; und wer wird zu Hause sein, wenn der Reparaturdienst für die Waschmaschine kommt? Sogar die Nachbarin ist auf der Arbeit. Wer will schon noch zu Hause bleiben? Zu Hause ist es langweilig und einsam. In Großbritannien geht die große Mehrheit, an die 80% aller Frauen, darunter auch die mit kleinen Kindern, arbeiten. Die Regierung will langfristig alle Kinder schon ab drei in Kindertagesstätten schicken, damit Mütter arbeiten gehen können, und die Mütter haben auch gar keine andere Wahl. Welche Frau hat heute noch einen Partner, der genug für zwei verdient, selbst wenn er es gern täte. Zuhause ist nur noch da, wo man schläft. Zum Zentrum unseres Lebens werden Büro und Arbeitsplatz, für die Kinder Kindergarten und Schule. Das hat Vor- und Nachteile.

Die heutzutage übliche Antwort vieler junger Frauen auf das Problem, Beruf und Familie miteinander zu vereinbaren, lautet: »Dann kriegen wir eben keine Kinder, lasst uns Männer sein!« Die Forderung, »Männer sollen ihren Teil als Väter einbringen«, scheint für die junge Generation weniger interessant als früher. Das könnte sich als Eigentor erweisen. Viele junge Frauen halten es heute für besser, einfacher, mit weniger Ärger und Streit verbunden, ihr Kind alleine aufzuziehen. Wer will schon einen Mann? Manchmal fürs Bett, okay, aber für sonst nichts. Junge Frauen reden häufig und ernsthaft über Samenbanken.

Ich kann mich nur auf eigene Erfahrungen stützen, und auf das, was ich lese, höre und gelegentlich bei Konferenzen mitbekomme, aber das geht jeder von uns Feministinnen so. Wir haben keine Parteizentralen, keine hierarchische Organisationsstruktur – ist ja viel zu männlich! – kein offizielles Dogma, kein Manifest. Kein Fundraising. Und doch war es eine Massenbewegung, die im Laufe von 30 Jahren das Leben der Frauen verändert hat. Und vielleicht wollen wir, gerade weil wir so erfolgreich waren, weil das Erreichte so umfassend und wunderbar ist, den Konsequenzen unseres Tuns nicht ins Auge sehen. In 20 Jahren werden, wenn der aktuelle Trend sich bestätigt, 48 % von uns, wenigstens in Großbritannien, allein in Single-Haushalten leben. Wir haben immer größere Schwierigkeiten, Partner zu finden – ob Männer und Frauen, Frauen und Frauen, oder Männer und Männer – und sie zu behalten, sollten wir sie gefunden haben. Und dies, obwohl wir uns doch nach verlässlichen Partnerschaften sehnen. Wir sind offenbar sehr schlecht darin geworden, miteinander zurechtzukommen. Unser Privatleben ist zum Teufel!

Die Feministin der frühen 70er, wie ich eine bin, würde im Hinblick auf die Arbeitswelt von heute ihrer Schwester weniger euphorisch als in der guten alten Zeit zuraten, sich kopfüber hineinzustürzen. Damals war die Devise klar. Wenn wir Frauen erst einmal wirtschaftlich unabhängig sind, dachten wir, sind viele unserer Probleme gelöst.

Die 60er und 70er Jahre waren die Zeit des Wirtschaftswunders, das Leben für die (wenigen) arbeitenden Mütter war viel leichter als heute. Es gab Ganztagsstellen, man konnte sich noch einen Job aussuchen, den einen hinschmeißen und morgen einen neuen finden. Die Arbeitswoche war kürzer, das Geld reichte länger. Ein Gehalt, wenn auch in der Regel das männliche, war genug, um der kleinen Gruppe Menschen, die sich Familie nennt, ein Dach über dem Kopf zu geben, sie zu wärmen, zu ernähren und glücklich zu machen. Die Steuern waren niedriger. Heutzutage braucht man zwei Gehälter, um Kinderkleidung, Fertiggerichte für die Mikrowelle und die Beaufsichtigung der Kinder bezahlen zu können – normalerweise tut das diese Frau da, um jener Frau dazu zu verhelfen, arbeiten gehen zu können.

Was um Himmels willen nicht heißen soll, dass sie zu Hause bleiben soll! Das langweilige Leben als Hausfrau und Mutter, das einen daran hindert, zur Gesellschaft etwas anderes beizusteuern als ein neues Mitglied, kann zur Tortur werden. Zu Hause bleiben und finanziell abhängig von einem Ehemann zu sein, gefällt nur wenigen, und welche hat heute überhaupt noch die Wahl!

Um zu beweisen, dass die feministische Revolution tatsächlich erfolgreich gewesen ist und wir uns lediglich in einem normalen post-revolutionären Dilemma befinden, muss ich nur mein eigenes Leben anführen. Gehen Sie mit mir zurück in die frühen 50er Jahre, als ich als junges Mädchen aus einer im Zweiten Weltkrieg zerbrochenen Familie, unterstützt von Stipendien, in Schottland zur Universität gehen durfte. Es gab eine Frauenquote – ich glaube, sie lag bei nur 20 % –, aber auch ein starkes Interesse an gleichberechtigter Erziehung, wenn auch nur aus dem Grund, dass gebildetere Mütter bessere Söhne produzieren, wie ich selbst zu hören bekam.

Da Frauen noch nicht in die Berufswelt drängten, schien es keinen anderen Grund für sie zu geben, eine höhere Ausbildung zu machen.

Nur fünf Prozent der jungen Frauen konnten zum College gehen, aber der Staat bezahlte, wenn die Eltern es nicht mehr vermochten. Mein Philosophie-Professor war einer derjenigen, die sich dem Zugang der Frauen zur Bildung widersetzten. Er ignorierte unsere Anwesenheit – wir waren vier in der Klasse –, sah durch uns hindurch und um uns herum, weigerte sich, unsere Aufsätze zu korrigieren und erklärte den jungen Männern, Frauen seien nicht fähig zu rationalen Argumenten und moralischem Urteil.

Daraus machten wir uns nicht viel, waren doch genau diese Unfähigkeiten die Tricks, mit denen wir junge Männer umgarnten; und die Gesellschaft unterstützte uns auch noch in unserer Dummheit. Mütter warnten ihre Töchter davor, zu viel Intelligenz zu zeigen, denn das könne die Männer verschrecken – was auch so war und wahrscheinlich immer noch ist, außer dass Frauen heute wählerischer sind als früher. Wir sahen Professor Knox als Exzentriker und sehr guten Lehrer an. Heute wären seine Bemerkungen berechtigterweise ein Skandal, und man würde ihn als untauglich in die Wüste schicken.

Was üblicherweise für ein Mädchen auf den Schul-oder Studienabschluss folgte, war eine Ausbildung im

Büro oder im Sozialbereich. Danach wurde sie für eine gewisse Zeit Sekretärin, bis Ehe und Kinder sie beanspruchten. Nur selten arbeitete eine Frau noch nach der Heirat und ganz gewiss nicht, wenn sie schwanger wurde – das folgte damals naturgegeben auf die Heirat; dafür war schließlich die Ehe da und es war das normale Frauenschicksal. Die Heiratsquote schnellte von 30 % um die Jahrhundertwende auf fast 95 % in der Mitte des 20. Jahrhunderts. Wenn eine Frau nicht verheiratet war, bedeutete das, sie war unfähig gewesen, sich einen zu angeln – sie war Ausschussware. Einmal verheiratet, blieb eine Frau es auch, denn damals war Scheidung im Gegensatz zu heute eine schwierige Sache.

Meinen Moment der Wahrheit erlebte ich bei einer Fernsehsendung in den frühen 70ern. Damals war ich arbeitende Ehefrau und Mutter, recht erfolgreich in der Werbebranche. Ich saß als Gast in dem Teil des Publikums, wo die zufriedenen Gattinnen und Mütter sitzen sollten; Frauen, die, falls gefragt, verlässlich antworteten, das Leben sei gut wie es ist, und Frauen hätten keinen Grund zu klagen. Ich zum Beispiel: erfolgreich außerhalb und innerhalb des Heims.

Auf dem heißen Stuhl war eine kleine Gruppe Frauen, die mit Rauchbomben gegen den Miss-World-Wettbewerb protestiert hatten. Ich saß eine Weile da und hörte den Frauen zu, die als unweiblich beschimpft wurden (das Furchtbarste, was man zu der Zeit über eine Frau sagen konnte!), als Lesben, als hässlich und unattraktiv und eifersüchtig auf schöne

Frauen und bösartig. Und es wurde mir klar, dass sie nichts von alldem waren; viel eher frühe mutige Märtyrerinnen für eine Sache, eine Religion, die die ganze Welt überschwemmen würde, so groß war der Druck dahinter. Ich stand auf und setzte mich zu den wenigen Unterstützerinnen des Protestes.

Wir können unsere Konditionierung niemals ganz ablegen. Aber wir können wenigstens versuchen, auf unser Feindbild zu verzichten und den Komplikationen eines Lebens ohne Feind ins Auge zu sehen. Meiner Meinung nach muss der Feminismus sich rasch auf die veränderte Lage einstellen und die Spielregeln ändern. Wir müssen aufhören, uns wie Opfer zu verhalten und unsere Mission auf die Rechte von Männern und Kindern ausweiten.

Wir Frauen sind der siegreiche Teil der menschlichen Rasse, und ich meine, wir Frauen, Männer und Kinder brauchen einander immer noch und müssen uns lieben lernen oder (aus)sterben ...

Christine Bergmann, Bundesministerin für Familie, Frauen, Senioren und Jugend, kam 1939 in Dresden zur Welt und wuchs, typisch für ihre Generation, »mit einer starken Mutter und weitgehend vaterlos« auf. Sie studierte Pharmazie und promovierte erst mit 50, »nach der Familienphase«. In der DDR-Zeit war Bergmann nicht parteipolitisch, sondern in der protestantischen Kirchengemeinde engagiert. Nach der Wende trat sie in Berlin in die SPD ein und wurde rasch Mitglied des SPD-Bundespräsidiums. Im Sommer 1999 lancierte sie ihr EU-weit koordiniertes »Aktionsprogramm gegen Gewalt«. Bergmann ist verheiratet und hat zwei Kinder.

OST- UND WESTFRAUEN IM VERGLEICH

Christine Bergmann

»Das 20. Jahrhundert wird das Jahrhundert der Rivalität zwischen Männern und Frauen sein.« Dieser Satz ist überliefert aus der Ansprache des Direktors einer französischen Mädchenschule von 1908, und ich las ihn vor einigen Jahren eher zufällig. Er hat mich lange beschäftigt und tut es immer noch. Wollte jener Schulleiter seinen Schulabgängerinnen Mut machen, die Männer zum Duell zu fordern? Wollte er ihnen sagen, dass sie dem Geschlechterkonflikt nicht entkommen könnten? Oder wollte er ihnen unterschwellig vielleicht drohen? Steckt in seiner Aussage nicht auch die Botschaft: Männer wissen, was auf sie zukommt, und sie sind gewappnet?

Wir kennen nicht die Antwort, aber wir können uns heute die Frage stellen, ob der Mann Recht hatte: Stehen wir am Ende eines Jahrhunderts der Rivalität zwischen Männern und Frauen? Und wenn ja, gibt es eindeutige Sieger und Verlierer? Und auf was steuern wir im 21. Jahrhundert zu?

Rivalitäten entstehen durch Ansprüche – und dass Frauen in diesem Jahrhundert massive Ansprüche erhoben haben, steht außer Frage: Ansprüche in Bezug auf das Wahlrecht, auf gleiche Beteiligungschancen in Bildung und Erwerbsleben, auf Anerkennung ihrer Kompetenzen im privaten und öffentlichen

Raum und Ansprüche natürlich auch auf Selbstbestimmung über ihren Körper, ihre Sexualität und ihre Lebensentwürfe. Insofern haben Frauen Männer tatsächlich herausgefordert, und – wir sollten dies nicht vergessen – oft unter Inkaufnahme hoher persönlicher Risiken für Frauenrechte gestritten. Denn dieses Jahrhundert verkörpert auch die Geschichte von Frauen, die bei ihrem Vorstoß in Männerbastionen viel riskiert und sich nur unter hohem persönlichen Einsatz behauptet haben.

Und trotzdem enthält das Konzept der Rivalität zwei Unterstellungen, die mich zweifeln lassen, ob jener Schuldirektor wirklich Recht behalten hat: Erstens lebt Rivalität von der Vorstellung, dass diejenigen, die da miteinander rivalisieren, vergleichbare Ausgangsbedingungen und Gewinnchancen haben. Und zweitens suggeriert es, dass es etwas Definierbares gäbe, um das Männer und Frauen in diesem Jahrhundert hart miteinander gekämpft hätten. Und an beiden Punkten führt uns das Bild der Geschlechterrivalität, so glaube ich, in die Irre. Denn es unterstellt, dass Frauen es in diesem Jahrhundert geschafft hätten, sozusagen eine ausgeglichene Waffenlage herzustellen, und es unterstellt, dass Frauen das haben wollten und wollen, was Männer bereits haben.

Haben sich Frauen am Ende dieses Jahrhunderts die Ressourcen verschafft, um mit Aussicht auf Erfolg rivalisieren zu können? Ja und nein – wäre meine Antwort. Wir haben vieles erreicht, aber von einem Wettbewerb mit gleichen Waffen kann noch lange nicht die Rede sein. Zwar haben sich die Bildungschancen von jungen Mädchen drastisch verbessert, zwar haben junge Frauen heute ein erfrischendes Selbstbewusstsein und verfolgen ihre Lebensplanung mit der gleichen Energie und Ausdauer wie junge Männer. Und doch bleiben Frauen auch heute noch entscheidende Ressourcen oft vorenthalten, die es braucht, um sozusagen »gleichwertige Wettbewerbsbedingungen« zu haben. Insbesondere Geld, gesellschaftliche Akzeptanz, Ungebundenheit und Macht sind auch heute noch so ungleich verteilt, dass wir schlechterdings nicht behaupten können, Frauen rivalisierten unter gleichen Bedingungen.

Der zweite Punkt, der mich an der Idee der Rivalität irritiert, betrifft die Frage: Wollen wir überhaupt das haben, was die männliche Geschlechterordnung uns vor Augen führt? Kann der feministische Aufbruch sich darin erschöpfen, für eine imposante Karriere genauso unsoziale 16 Stunden-Tage investieren zu müssen, genauso um Macht und Einfluss kämpfen zu müssen? Sicher, wir müssen uns in diesem System behaupten. Aber doch hoffentlich auf dem Weg hin zu einer Gesellschaft, in der sich ein gesellschaftlicher Wandel vollzieht – und nicht nur Frauen vormals von Männern besetzte Positionen einnehmen. Eine Gesellschaft, in der Bedürfnisse nach Sozialität, Familie, Kindern und Gemeinschaft eher in Einklang zu bringen sind mit Bedürfnissen nach Einfluss, Macht, professioneller Anerkennung und sozialer Autonomie – und zwar für Männer *und* für Frauen.

Um gar nicht erst in einseitige Verklärungen zu verfallen: Ich kann nur davor warnen, die Vision einer solchen Gesellschaft mit dem gleichzusetzen, was Frauen während des Realsozialismus in der DDR erlebt haben. Richtig ist: Es war für uns zu DDR-Zeiten einfacher, Familie und Beruf, Partnerschaft und Profession zu vereinbaren. Richtig ist auch: Frauen in der ehemaligen DDR waren weniger abhängig von ihren Partnern; autonomer in ihrer Entscheidung, wie viel sie innerhalb einer Partnerschaft tolerieren, wo sie Grenzen setzen wollten.

Erwerbsarbeit war für Frauen selbstverständlich und zwar in der Regel volle Erwerbsarbeit. Ich muss wirklich lange in meinem Gedächtnis kramen, um in meinem Freundes- und Bekanntenkreis ein Beispiel zu finden von längerer familienbedingter Pause von Frauen. Geringfügige Beschäftigung, Deklarationen von Frauenerwerbsarbeit als »Zuverdienst« habe ich erst nach der Wende kennen gelernt. Die volle Akzeptanz der Erwerbstätigkeit von Frauen in der Gesellschaft, unter Frauen *und* Männern, die im übrigen nach wie vor in den neuen Ländern vorhanden ist und hoffentlich nicht nur dort erhalten bleibt, sondern den Prozess in ganz Deutschland beschleunigt, hieß und heißt auch, dass erwerbstätige Frauen auch mit Kleinstkindern nicht als »Rabenmütter« angesehen wurden und werden.

Damit war natürlich eine weitere Selbstverständlichkeit verbunden – ein ausreichendes Angebot von Kinderbetreuungseinrichtungen. Ich stelle immer

wieder fest, dass das beklagenswerte Defizit an Ange-
boten, vor allem für Kleinstkinder und Schulkinder
letztendlich auf das konservative Rollenverständnis
zurückzuführen ist. Auch in Kommunen mit guter
finanzieller Ausstattung, und die gibt es auch, ist der
Zustand nicht besser.

Richtig bleibt für mich auch: Die Tatsache, dass
eine Gesellschaft Frauen als Berufstätige wollte und
förderte – egal aus welchen Motiven –, bedeutete
auch, dass Frauen sich hohe professionelle Ziele setzen und so viel mehr in Bereichen arbeiten konnten,
die in der damaligen Bundesrepublik für Frauen tabu
waren. Und gleichwohl – ich betone dies immer wieder, weil ich gegen einseitige Mythenbildung bin –,
auch die Geschlechterordnung im Realsozialismus
war frauenfeindlich: Sie war frauenfeindlich, weil sie
Frauen eben auch eine gewaltige Anpassungsleistung
abverlangte und weibliche Autonomie nicht duldete.
Hinzu kommt: Gewalt gegen Frauen wurde staatlich
tabuisiert. Ein Blick auf die absolute Männerdomi-
nanz in den politischen und wirtschaftlichen Ent-
scheidungsgremien sollte genügen, um den Mythos
des ungebremsten gesellschaftlichen Aufstiegs von
Frauen zu begraben.

Der Realsozialismus taugt als Gleichstellungsmo-
dell für das 21. Jahrhundert also genauso wenig wie
als Gesellschaftmodell insgesamt. Und deshalb interessiert mich als politische Frau am Ende dieses Jahrhunderts viel mehr, ob die Richtung unserer jetzigen
Politik – die sich für mich als Ost-Frau natürlich auch

aus meinen dortigen Erfahrungen mit speist –, ob die Richtung unserer Initiativen stimmt, damit wir im 21. Jahrhundert da ankommen, wovon ich gerade sprach: nicht rivalisieren, sondern gemeinsam Neues gestalten. Diese Richtung wird – grob umrissen – durch vier politische Wegmarkierungen angezeigt. Auf ihnen steht:

1. Möglichst vielen Frauen möglichst gute Bildungs- und Erwerbschancen ermöglichen!

2. Möglichst viele Frauen in politische, wirtschaftliche und gesellschaftliche Verantwortung bringen!

3. Möglichst viele Frauen von der unseligen Wahl zwischen Karriere und Kindern entlasten!

4. Diskriminierungen und Gewalt gegen Frauen sowohl präventiv verhindern als auch hart ahnden!

Bildung und eigenständiger Verdienst sind für Frauen heute *die* zentrale Ressource, die nicht nur Selbstbewusstsein, soziale Anerkennung und wirtschaftliche Autonomie bedeutet, sondern eben auch bis ins Private und Intime hinein die Möglichkeit zu gleichberechtigten Partnerschaften und persönlicher Autonomie stärkt.

In der Tat war die ehemalige DDR hier fortschrittlich – verglichen mit der alten Bundesrepublik. Junge Mädchen und Frauen in der ehemaligen DDR hatten nicht nur formal gleiche Bildungschancen, sondern sie sind auch schon in den 60er Jahren darin unterstützt worden, Mutterschaft und Studium zu vereinbaren oder sich in männerdominierten, meist zukunftsträchtigen Berufsfeldern zu qualifizieren. Die

Zahl an Frauen in technischen Berufen – zum Beispiel Ingenieurinnen – hat die der alten und neuen Bundesrepublik weit überstiegen.

Die alte Bundesrepublik hat aufgeholt, so dass wir insgesamt noch nie so viele qualifizierte Frauen hatten wie heute. Und trotzdem konzentrieren sich die meisten Frauen nach wie vor auf typische Frauenberufe, trotzdem haben wir ein großes Gefälle zwischen dem niedrigen Frauenanteil in zukunftsträchtigen Berufsfeldern und einem extrem hohen Frauenanteil in entweder klassischen oder zunehmend prekären Berufsfeldern.

Das beste Beispiel ist gegenwärtig der Bereich der Informations- und Kommunikationstechnologien. Allein in den letzten drei Jahren sind in der Informationswirtschaft zirka 100.000 neue Arbeitsplätze entstanden – es ist der Sektor mit der höchsten Wachstumsrate und wird es auch bleiben. Aber nur 13,6 % der Auszubildenden in den vier wichtigsten neuen Informationstechnologie-Berufen sind weiblich. Das heißt: Frauen werden kurzfristig an diesem Boom nur minimal partizipieren können.

Hier wollen wir als Bundesregierung gegensteuern. Im Rahmen des verabschiedeten Aktionsprogramms »Innovation und Arbeitsplätze in der Informationsgesellschaft des 21. Jahrhunderts«[1] werden wir Frauen gezielt fördern. Wir haben uns vorgenommen, den Frauenanteil an IT-Berufsausbildungen und an den Informatikstudiengängen bis zum Jahr 2005 auf 40 % zu steigern. Dazu arbeiten wir in meinem Haus eng mit Unternehmen wie IBM, Hewlett Packard und debis zusammen. Denn wir dürfen als Frauen diese wegweisende Entwicklung nicht verschlafen.

Ich komme zur zweiten Wegmarkierung ins nächste Jahrtausend: Wir wollen möglichst viele Frauen in verantwortungsvolle Positionen bringen.

Dies bedarf einer Politik des langen Atems, gekoppelt mit besseren Interventions- und Sanktionsmöglichkeiten zugunsten der Integration von Frauen nicht nur in Spitzenpositionen der Wirtschaft, sondern auch in der Politik, in Verbänden und Gremien. Zwar erscheinen diese Prozesse jeder von uns unendlich lang und mühselig, aber über die Zeiten betrachtet haben wir hier in den letzten 50 Jahren doch eine ganze Menge erreicht.

Wir sollten nicht vergessen: In der alten Bundesrepublik sind Frauen erst vor 46 Jahren überhaupt voll geschäftsfähig geworden. Und: Es ist noch keine 40 Jahre her – genauer gesagt 38 –, dass die erste Frau in ein bundesdeutsches Kabinett berufen wurde. Erst vor 17 Jahren wurde die erste Frauenforschungsprofessur eingerichtet und damit ja auch der Kampf um die Männerbastion Universität intensiviert. Und erst vor sieben Jahren hat sich die Evangelische Kirche zur Berufung einer Bischöfin entschlossen.

Und diese Geschichte werden wir weiterschreiben: Es wird dieses erste Mal noch häufig geben im nächsten Jahrtausend. Im Rahmen unseres Programms »Frau und Beruf« hat die Bundesregierung sich explizit verpflichtet, Frauen in Führungspositionen zu stärken. Dies wollen wir durch eine Verbesserung des Bundesgleichstellungsgesetzes erreichen, durch die Verpflichtung zur paritätischen Berufung von Frauen im Rahmen des Bundesgremiengesetzes, aber auch durch rechtliche Regelungen für die private Wirtschaft. Wir sind gespannt auf die erste Vorstandsvorsitzende eines deutschen Großkonzerns, die erste Bundespräsidentin, die erste Bundeskanzlerin, die erste Chefdirigentin der Berliner oder Münchner Philharmoniker.

Es hat um diese gesetzlichen Regelungen für die Privatwirtschaft in den vergangenen Monaten viel Wirbel gegeben. Tatsache ist: Teile des Arbeitgeberlagers sind skeptische und deshalb wenig engagierte Kooperationspartner bei der Ausformulierung unserer Vorschläge. Aber wir werden hier nicht locker lassen.

Es ist schon erstaunlich, dass die Wirtschaft bezüglich der Liberalisierung des Arbeitsmarktes immer die USA als Vorbild zitiert, dabei aber geflissentlich unterschlägt, dass die USA seit mehr als 30 Jahren eine Verpflichtung zur Frauenförderung in allen Betrieben haben, die staatliche Auftragnehmer sind. Dieses Gesetz betrifft gegenwärtig immerhin mehr als 20 % der zivilen Beschäftigten in den USA –, und dass es Erfolg hat, sieht man zum Beispiel an der großen Zahl von US-amerikanischen Frauen im höheren Management oder an den Universitäten. Die deutsche Wirtschaft entdeckt das Potenzial von Frauen erst langsam – und wir werden alles daran setzen, ihr dabei unter die

Arme zu greifen! Auch die Idee der Teilzeitarbeit in Führungspositionen, wie sie zum Beispiel in Dänemark praktiziert wird, muss bei uns erst noch Fuß fassen.

Während wir in der Wirtschaft also noch eine Reihe von kräftigen Anstößen geben müssen, denke ich, dass sich auf der politischen Ebene einiges getan hat. Die mutige Entscheidung von Grünen und SPD zu Quotierungen hat sich bewährt. Selbst langjährige hartgesottene Quotengegner wie die Labour Partei in Großbritannien oder die Franzosen machen es uns jetzt nach. Quotierungen gehören also keineswegs in den Instrumentenkasten des 20. Jahrhunderts, sondern sie werden uns noch einige Zeit ins 21. Jahrhundert hinüber begleiten.

Auf dem dritten »Schild«, das mir sozusagen als ministerieller Wegweiser für die Frauenpolitik ins nächste Jahrtausend dient, steht »Vereinbarkeit von Familie und Beruf«. Wir werden wirksamere Hebel finden müssen, damit mehr Männer den Erziehungsurlaub nehmen. Einen Gesetzentwurf, der eine gleichzeitige Freistellung der Partner möglich macht, werden wir in Kürze auf den Weg bringen.

Aber machen wir uns nichts vor – der Erziehungsurlaub allein löst die Probleme von Frauen nicht. Wir brauchen, speziell in den alten Bundesländern, einen Ausbau der Kinderbetreuungsmöglichkeiten, vom Kleinkind bis zum Schulkind. Trotz aller Notwendigkeit zum Sparen muss das öffentliche Kinderbetreuungsangebot in den nächsten Jahren verbessert werden, damit Frauen nicht länger vor die Alternative Beruf oder Familie gestellt werden. Das ist eine Aufgabe, die Bund, Länder und Kommunen gemeinsam zu bewältigen haben. Und wir brauchen den Bewusstseinswandel bei den Männern, die ihren Anteil an Erziehungsarbeit leisten müssen.

Die vierte Wegmarkierung in das frauenpolitische 21. Jahrhundert signalisiert unser Engagement zur Verhinderung und Sanktionierung von Gewalt gegen Frauen.

Frauen sind weltweit in besonderer Weise Gewalt ausgesetzt. Gewalt verletzt die Integrität von Frauen und ihr Recht auf Selbstbestimmung in eklatanter Weise. Der Gewalt vorzubeugen und von Gewalt betroffenen Frauen Schutz und Hilfe zu bieten sind Aufgaben, die der Staat besser als bisher wahrzunehmen hat. Aus diesem Grund haben wir einen »Nationalen Aktionsplan gegen Gewalt an Frauen« vorgelegt.

Damit liegt erstmals ein umfassendes Konzept zur Bekämpfung von Gewalt gegen Frauen vor. Nach Schätzungen ist jede dritte Frau in Deutschland direkt von Gewalt betroffen, jede siebte ist bereits einmal in ihrem Leben Opfer sexueller Gewalt geworden. Die Täter werden häufig nicht angezeigt, weil die betroffenen Mädchen und Frauen nicht auf ein staatliches Eingreifen zu ihren Gunsten vertrauen. Das heißt: Viele Täter bleiben ohne Strafe, und die von Gewalt betroffenen Frauen müssen mit ihren Kindern aus dem vertrauten Umfeld ins Frauenhaus oder zu Bekannten flüchten. Das muss sich ändern.

Es muss ein gesamtgesellschaftliches Klima geschaffen werden, in dem jegliche Gewalt geächtet wird. Dazu gehört auch, dass Täter mit staatlichen Reaktionen rechnen, Straftäter konsequent verfolgt und Frauen besser geschützt werden müssen.

Zum rechtlichen Bereich wird in Kürze ein Gesetz zum Schutz vor häuslicher Gewalt von der Bundesjustizministerin vorgelegt werden, das es ermöglicht, den Täter schnell aus der Wohnung zu weisen und ihm ein Kontakt- und Näherungsverbot aufzuerlegen. Damit wird deutlich, dass häusliche Gewalt mit allen Konsequenzen verfolgt wird. Notwendig ist in diesem Bereich eine enge Kooperation von Bund und Ländern, aber auch von staatlichen und nichtstaatlichen Hilfsangeboten.

Darüber hinaus ist es erforderlich, bei den Tätern selbst einen Prozess der Verhaltensänderung in Gang zu setzen, zum Beispiel mit der Auflage, an einem psychosozialen Trainingskurs teilzunehmen. Ferner wird der § 19 des Ausländergesetzes, der das eigenständige Aufenthaltsrecht von Ehegatten regelt, novelliert werden. Die allgemeine Wartefrist wird von vier auf zwei Jahre herabgesetzt und die Härteklausel umgestaltet, um Betroffenen besser helfen zu können.

Neben dem Thema »Häusliche Gewalt« brennen uns natürlich im Bereich der Gewalt gegen Frauen noch viele andere Themen unter den Nägeln: wie die Bekämpfung des Frauenhandels oder der Zwangsprostitution – spezielle Zeuginnen-Schutzprogramme sind hierfür nötig, ebenso wie eine enge internationale Kooperation.

Diese eben genannten Wegmarkierungen sollen und müssen uns über die nationalstaatlichen Grenzen hinaus auch zur gesamteuropäischen Orientierung werden. Zunehmend werden wir die Institutionen, Gremien und die Rechtsprechung der Europäischen Union in Anspruch nehmen, um nationale Gleichstellungspolitik durchzusetzen. Mit dem Inkrafttreten des Amsterdamer Vertrages am 1. Mai 1999 gibt es nun zum ersten Mal ein grundsätzliches positives Bekenntnis zu einer gesamteuropäischen Gleichstellungspolitik – und ein weitreichendes Instrumentarium zu ihrer Durchsetzung.

Die Gleichstellung von Männern und Frauen ist nun explizit im Aufgabenkatalog der Gemeinschaft verankert, mehr noch: Es sind auch aktive Maßnahmen zur Förderung von Frauen in der Privatwirtschaft wie im staatlichen Kontext geplant – was bislang von europäischen Gerichten noch überwiegend als Verletzung des Gleichbehandlungsgrundsatzes interpretiert wurde. Und schließlich müssen jetzt sämtliche Tätigkeiten der EU unter der Maßgabe der Verwirklichung von Gleichstellung geprüft werden. Hier hat sich das durchgesetzt, was wir »Gender-mainstreaming« nennen. Gender-mainstreaming ist keine leere Worthülse, sondern eine zentrale Strategie, mit der einerseits der immer wieder drohenden Gefahr frauenpolitischer Ghettoisierung begegnet werden kann, andererseits Frauenpolitik durchsetzungsstark praktiziert werden kann.

Um noch einmal auf den französischen Schuldirektor zurückzukommen: Statt im 21. Jahrhundert auf ein dann vielleicht gleichberechtigtes Rivalisieren zwischen den Geschlechtern zu setzen, soll mit dem Konzept des Mainstreaming signalisiert werden, dass wir nicht immer nur in bereits vordefinierten Kontexten rivalisieren wollen, sondern tatsächlich eine neue Politik wollen, in der die Anliegen von Frauen keine Sonderaufgabe mehr sind. Aber: Dieses Mainstreaming kann nur funktionieren, wenn Frauen eine »kritische Masse« in allen Institutionen und bei allen gesellschaftlichen Planungen bilden. Bis dahin bleibt es eine Zielvorstellung, die nur über harte feministische Interventionen erreicht werden kann.

Woher aber kommen solche konsequenten Interventionen im 21. Jahrhundert? Ich will es ganz offen sagen: Ich mache mir hier und da Sorgen, ob die im Prinzip ja sinnvolle Strategie der Institutionalisierung von feministischen Anliegen ohne den Druck der Basis, ohne die zumindest themenbezogene breite Mobilisierung von Frauen gelingen kann. Was wir Politikerinnen institutionell erreicht haben, kann sich sehen lassen – aber es braucht die Unterstützung durch breite Frauenallianzen.

Mein Traum also fürs neue Jahrtausend: die Untersetzung unserer Politik mit einer neuen Bewegung, mit dem Engagement gerade auch von jungen Frauen für Gleichberechtigung und Autonomie. Gleichstellungspolitik gekoppelt und gestützt und herausgefordert von engagierter Bewegungsarbeit, damit Frauenpolitik wieder öffentlich sichtbarer wird und nicht in den Institutionen und Organisationen versackt.

---

1) Informationsbroschüre des Bundesministeriums für Frauen, Familie, Jugend und Senioren, Berlin, 1999

Rosa Logar, Sozialarbeiterin, ist eine frühe Aktivistin der
österreichischen Frauenbewegung. 1978 gehörte sie zu den
Mitbegründerinnen des ersten »Hauses für geschlagene
Frauen«. Heute arbeitet sie als Geschäftsführerin der Wiener
»Interventionsstelle gegen Männergewalt«, ist Vorsitzende
des Vereins österreichischer Frauenhäuser und Mitbegrün-
derin des Europäischen Netzwerkes gegen Gewalt WAVE
(Women against Violence Europe).

FEMINISTINNEN UND STAAT GEGEN MÄNNERGEWALT

Rosa Logar

In den europäischen Ländern sind permanent zehntausende Frauen und Kinder auf der Flucht. Sie flüchten vor Gewalt und Terror und bangen um ihr Leben. Diese Frauen kommen nicht über die Grenze, die Zustände, vor denen sie flüchten, werden nicht Krieg genannt. Diese Frauen und Kinder sind Flüchtlinge im eigenen Land. Sie werden nicht vom Feind misshandelt, vergewaltigt und vertrieben, sondern vom eigenen Ehemann, Lebensgefährten, Vater oder anderen männlichen Familienmitgliedern. Der Ort, der Menschen Sicherheit und Geborgenheit bieten soll, ist für Frauen statistisch gesehen der gefährlichste Ort: die eigenen vier Wände. Die meisten Gewalttaten an Frauen werden im Familienkreis verübt. Untersuchungen über das Ausmaß von Gewalt ergeben, dass (mindestens) jede fünfte Frau einmal in ihrem Leben psychische oder sexuelle Gewalt durch ihren eigenen Freund/Mann erleidet.

Initiativen gegen Gewalt an Frauen gehörten zu den ersten Aktivitäten der Neuen Frauenbewegung. Das erste Frauenhaus wurde 1972 in London gegründet, das erste in Berlin 1975 und das erste in Wien 1978. Heute existieren in Deutschland etwa 400 Frauenhäuser, in Österreich 22, in ganz Europa sind es rund 1500.

Auch in osteuropäischen Ländern begannen Frauengruppen Anfang der 90er Jahre mit dem Aufbau von Frauenhäusern und Notrufen für misshandelte und vergewaltigte Frauen. Das ist ein großer Erfolg der Frauenbewegung. Doch wie so vieles, was Frauen erreichen, war auch dies schwer erkämpft und der Widerstand war beträchtlich.

»Das brauchen wir bei uns nicht, bei uns gibt es keine Gewalt gegen Frauen« war das häufigste Argument. Doch praktisch jedes Frauenhaus war kurz nach der Eröffnung überfüllt. Trotzdem weigerten und weigern sich Kommunen immer wieder, ausreichende finanzielle Mittel für Frauenhäuser bereitzustellen, denn Frauenhäuser waren eine Provokation: Sie machten das Problem Gewalt gegen Frauen sichtbar. Die größte Aufregung löste das feministische Prinzip »Frauen helfen Frauen« aus. Frauenhäuser sind Frauenorte, Männer haben keinen Zutritt, und das ist im Patriarchat ein grober Verstoß gegen die Allgegenwärtigkeit der Männer.

Die Aktivistinnen der Frauenhausbewegung ließen sich jedoch nicht entmutigen und schafften es, das Thema Gewalt gegen Frauen nicht nur an die Öffentlichkeit, sondern auch auf die Tagesordnung internationaler Organisationen wie der Vereinten Nationen zu bringen. »Die Gewalt gegen Frauen im öffentlichen wie im so genannten privaten Raum« wurde bei der UN-Menschenrechtskonferenz 1993 in Wien als »Menschenrechtsverletzung« anerkannt. Es wurde festgestellt, dass die Staaten für die Beendigung jeder

Gewalt gegen Frauen und für den Schutz der Frauen vor Gewalt mitverantwortlich sind. In der Folge wurden eine Vielzahl von Aktivitäten auf internationaler Ebene ergriffen, eine Deklaration zur Eliminierung von Gewalt an Frauen beschlossen und eine Sonderberichterstatterin eingesetzt, die über das Ausmaß von Gewalt gegen Frauen berichtet und Vorschläge für Maßnahmen erarbeitet.

Bei der 4. Weltfrauenkonferenz der Vereinten Nationen 1995 in Peking war Gewalt gegen Frauen ein wichtiges Schwerpunktthema, und die Pekinger Aktionsplattform, das Abschlussdokument der Konferenz, enthält einen Katalog von Maßnahmen gegen Gewalt an Frauen, der von den Mitgliedstaaten umgesetzt werden soll. Auch im Europarat und in der EU entstanden in der 80er und 90er Jahren Initiativen gegen Gewalt, vorerst im Bereich sexuelle Belästigung am Arbeitsplatz und im Bereich Frauenhandel. Der Ausschuss für die Rechte der Frau beim Europäischen Parlament initiierte eine europäische Kampagne gegen Gewalt an Frauen. Seit 1997 gibt es in der EU auch ein Programm für transnationale Initiativen gegen Gewalt an Frauen und Kindern, die DAPHNE-Initiative. Das Programm ist zwar nur mit geringen Mitteln ausgestattet, aber doch ein politisches Signal.

In Österreich wurde 1998 im Rahmen der EU-Präsidentschaft die erste europäische ExpertInnenkonferenz gegen Gewalt an Frauen abgehalten, dieser folgten 1999 Konferenzen in Deutschland und Finnland. Bei diesen Konferenzen wurden eine Reihe von Empfehlungen und Maßnahmen erarbeitet, die in Zukunft zu Richtlinien der Mitgliedstaaten in der Bekämpfung von Gewalt an Frauen werden sollen.

In den 80er Jahren begannen die Frauenhäuser, sich national zu vernetzen, in den 90er Jahren international. So wurde 1995 das europäische Netzwerk WAVE (Women against Violence Europe) gegründet, um Informationen auszutauschen, von den Erfahrungen der anderen zu lernen und im Bereich der EU Lobbyarbeit zu machen. Mit Mitteln aus dem DAPHNE-Programm wurde eine europäische Datenbank zum Thema Gewalt gegen Frauen aufgebaut.

Gewalt gegen Frauen ist also, dank des langen Atems der Feministinnen, längst kein Randthema mehr. Im Abschlussdokument der 4. Weltfrauenkonferenz der Vereinten Nationen heißt es: »Gewalt gegen Frauen ist Ausdruck der historisch ungleichen Machtverhältnisse zwischen Männern und Frauen, die dazu geführt haben, dass die Frau vom Mann dominiert und diskriminiert und daran gehindert wird, sich voll zu entfalten.« Die Staaten sind darum mitverantwortlich für die Beendigung dieser Gewalt, denn es gehört zu den zentralsten Aufgaben eines Staates, die BewohnerInnen vor Gewalt zu schützen, unabhängig davon, ob diese Gewalt im Privatbereich oder in der Öffentlichkeit verübt wird.

Die Einrichtung von Frauenhäusern war also ein Meilenstein bei der Befreiung der Frauen aus Gewaltbeziehungen, und Frauenhäuser sind Orte der Stärkung und Ermächtigung von Frauen. Gleichzeitig haben Frauenhäuser jedoch auch einen defensiven Charakter, sind Ausdruck der Schwäche der Opfer, die vor der Gewalt flüchten und sich vor dem Misshandler verstecken müssen. Einige Jahre nach Einrichtung der Frauenhäuser machte sich daher in Österreich Unzufriedenheit breit: Schließlich waren die Frauenhäuser doch angetreten, um diese Einrichtungen in Zukunft überflüssig zu machen. Doch die Erreichung dieses Ziels war angesichts des schier endlosen und immer größer werdenden Stromes von Frauen und Kindern, die in die Frauenhäuser flüchteten, nicht abzusehen.

Die Mitarbeiterinnen der Frauenhäuser in Österreich kritisierten, dass der Staat keine ausreichenden Maßnahmen zum Schutz vor Gewalt ergriff und den daraus resultierenden Unrechtszustand – dass die Opfer die Folgen der Gewaltausübung tragen, während die Täter meist ungeschoren bleiben – zuließ, und sie trugen Forderungen zur Umsetzung neuer rechtlicher Maßnahmen an die politisch Verantwortlichen heran. Im Jahr 1994 ergriff die Regierung die Initiative zur Erarbeitung eines effektiven Gesetzes gegen Gewalt.

An der Entstehung dieses Gewaltschutzgesetzes waren Frauen maßgeblich beteiligt, was nicht selbstverständlich ist. Expertinnen aus Frauenhäusern wurden von Beginn an in die Beratungen einbezogen: Vier Ministerien (Frauen, Familie, Inneres und Justiz) waren beteiligt, sowie feministische Juristinnen, PolizistInnen und RichterInnen. Was dabei herauskam, ist eine effektive neue Maßnahmen gegen Männergewalt in der Familie, die europaweit Anerkennung findet.

Die so genannte Wegweisung durch die Polizei ist das Kernstück des neuen Gesetzes. Sie besagt, dass ein Mensch, von dem eine Gefahr ausgeht, sofort der Wohnung zu verweisen und ihm für sieben Tage die Rückkehr in die Wohnung zu verbieten ist. Das Gesetz wurde bereits reformiert, seit dem 1.1.2000 wurde die Wegweisung auf zehn Tage ausgeweitet.

Die Wegweisung durch die Polizei schützt nicht nur Familienmitglieder, sondern alle innerhalb einer Wohnung lebenden Personen, die von einer anderen misshandelt oder bedroht werden. So könnte die Polizei beispielsweise auch den Vermieter, der die Untermieterin misshandelt, wegweisen. Selbstverständlich schützt die Wegweisung auch Kinder vor Gewalt.

Die Besitz- oder Mietverhältnisse an der Wohnung sind unerheblich, Schutz der körperlichen Unversehrtheit geht vor Schutz von Eigentum. Auch der österreichische Verfassungsdienst hält die Wegweisung eines gewalttätigen Mannes aus seiner Wohnung für grundrechtskonform. Denn gleichzeitig wurde beachtet, dass auch die Rechte der weggewiesenen Gewalttäter gewahrt werden. Die Maßnahme der Polizei muss binnen 48 Stunden von der Behörde überprüft werden und die Weggewiesenen haben die Möglichkeit, sich bei einem unabhängigen Verwaltungssenat zu beschweren.

Die Wegweisung durch die Polizei bewirkt also eine Trennung des Gewalttäters von den Opfern, die nicht auf Kosten der Opfer geht. Möchten die Betroffenen den Schutz von zehn Tagen verlängern, müssen sie innerhalb dieser Zeit beim Zivilgericht einen Antrag auf »Einstweilige Verfügung« stellen.

Eine »Einstweilige Verfügung« kann auch das Verbot enthalten, sich an bestimmten Orten aufzuhalten, etwa an der Arbeitsstelle der Frau oder in der Nähe von Schule oder Kindergarten der Kinder. Auch ein völliges Kontaktverbot kann beantragt werden, so dass der Gewalttäter der Frau weder auflauern noch sie anrufen darf, was wichtig ist, da viele Gewalttäter die Frau oft noch monatelang nach der Trennung verfolgen und terrorisieren. Die »Einstweilige Verfügung« kann für drei Monate erlassen werden und verlängert sich, wenn anschließend ein Scheidungsverfahren oder bei Lebensgefährten ein Verfahren auf Aufteilung der Wohnung gestellt wird.

Auch Kinder bzw. ihre gesetzliche Vertreterin können einen Antrag stellen, damit Kinder, die misshandelt oder missbraucht werden, nicht zusätzlich ihr Zuhause verlieren. Einen Antrag auf »Einstweilige Verfügung« kann im Falle der Gefährdung von Kindern auch von der Jugendwohlfahrtsbehörde gestellt werden.

Entscheidend für die Effektivität des Gesetzes ist, dass der Beschluss des Gerichtes sofort von der Polizei vollzogen werden kann. Darum wurde auch gesetzlich eine enge Kooperation zwischen Ziviljustiz und Polizei ermöglicht, die für einen funktionierenden Schutz bei Gewalt in der Familie wichtig ist. Das

Zivilgericht erhält per Fax die Berichte der Polizei über die Intervention, so dass es rasch entscheiden kann. Liegen eindeutige Nachweise für die Gewalt vor, ist es nicht notwendig, den Misshandler anzuhören, der Beschluss des Gerichtes kann sofort erfolgen.

Bei den Beratungen zum neuen Gesetz war von Anfang an klar, dass rechtliche Maßnahmen alleine nicht ausreichen, sondern dass Begleitmaßnahmen für die Opfer notwendig sind, so dass diese ihre Rechte auch wirklich geltend machen können. In Österreich wurde von Mitarbeiterinnen der autonomen Frauenhäuser nach dem Vorbild des »Domestic Abuse Intervention Projects« (DAIP) in Duluth/Minnesota (USA) ein Konzept für Interventionsstellen entwickelt, dessen oberstes Ziel die Gewaltprävention ist. Das Gewaltschutzgesetz sieht vor, dass die Polizei zum Zwecke der Gewaltprävention Informationen an Interventionsstellen, die private Einrichtungen sind, weitergeben darf. Die Richtlinien der Polizei enthalten, dass die Interventionsstellen von Wegweisungen und Rückkehrverboten binnen 24 Stunden per Fax zu informieren sind. Befinden sich Kinder in der Familie, muss auch die Jugendwohlfahrtsbehörde informiert werden.

Derzeit existieren in Österreich neun solcher Interventionsstellen, eine in jedem Bundesland. Sie werden vom Bundesministerium für Inneres, das zuständig ist für die Sicherheit von Gewaltopfern, und von der Bundesministerin für Frauen je zur Hälfte finanziert. Die Interventionsstellen haben die Aufgabe,

Kontakt mit den Opfern aufzunehmen und ihnen aktiv Hilfe anzubieten. Dies ist neu, bisher wurde die Initiative meist den Opfern überlassen. Die bisherigen Erfahrungen der Wiener Interventionsstelle zeigen, dass die betroffenen Frauen und Kinder sehr positiv auf das Angebot reagieren. Sie sind überrascht und erfreut, dass sich jemand um sie sorgt und kümmert. Oft berichten sie auch, dass sie es selbst nicht geschafft hätten, Hilfe zu suchen. Gewalterfahrungen wirken lähmend, und die Betroffenen haben oft zu viel Angst oder kein Selbstvertrauen mehr.

Zum pro-aktiven Ansatz gehört auch, dass Frauen in regelmäßigen Abständen immer wieder kontaktiert werden (follow-up). Auf diese Weise soll verhindert werden, dass das Gewaltproblem wieder zur »Privatsache« wird und der Kreislauf der Gewalt sich weiterdreht. Damit wird auch eine häufige Strategie von Misshandlern, die Opfer daran zu hindern, Hilfe zu holen, durchkreuzt.

Doch es genügt nicht, nur mit den Opfern zu arbeiten. Auch die Täter müssen an weiteren Gewalttaten gehindert werden. Diese täterbezogenen Interventionen gehören in Wien in Absprache mit der betroffenen Frau zu den Aufgaben der Interventionsstelle: Gespräche mit dem Misshandler und Vermittlung von Beratung; Kontaktaufnahme und Zusammenarbeit mit allen Institutionen, die in den Fall involviert sind; Gespräch mit der Kinderschutzbehörde etc. Im Unterschied zu der Täterarbeit, die meist erst Wochen und Monate nach der Tat einsetzt, zielen täterbezogene Interventionen auf die rasche Konfrontation von Misshandlern mit den Opfern und die sofortige Beendigung von Gewalt. Dazu muss dem Misshandler auch signalisiert werden, dass sein Verhalten nicht toleriert wird und Konsequenzen hat. Täterbezogene Interventionen sind auch für die Einschätzung der Gefährlichkeit eines Misshandlers sowie die Einschätzung seiner Kooperationswilligkeit wichtig. Mehrere Interventionen von verschiedenen Seiten haben nach bisherigen Erfahrungen und Studien eine sich gegenseitig verstärkende Wirkung und einen »kumulativen Effekt«.

Vom 1. Mai 1997 bis zum 31. Dezember 1997 wurden laut Statistik von der Polizei 1365 Wegweisungen und Rückkehrverbote verfügt. Im Jahr 1998 waren es bereits 2.673 und 1999 schon im ersten Halbjahr 1.740. Die Tendenz ist also steigend. Die Begleitforschung ergab, dass jede zweite Einschreitung der Polizei bei Ehepaaren erfolgte, jede vierte bei Lebensgefährten und jede zehnte bei Ex-Beziehungen oder Eltern-Kind-Beziehungen. Neun von zehn gefährdeten Personen sind Frauen, aber so gut wie null Männer.

Verstöße gegen die Wegweisung sind erstaunlich gering, es scheint, dass die Täter es ernst nehmen, zumal bei Verstößen weitere Sanktionen folgen, die bis hin zur Inhaftierung führen können. Die Wegweisung ist also ähnlich wie die »rote Karte« im Fußball: Die Gesellschaft reagiert auf unerwünschtes Verhalten mit Ausschluss. Und in der Tat wurde der Slogan

»Rote Karte für Gewalttäter« in der Öffentlichkeitsarbeit lanciert.

Unzureichend sind die neuen gesetzlichen Maßnahmen bei schwerer Gewalt, wie der tragische Mord an einer Frau zeigte, der sich kurz nach Einführung des neuen Gesetzes ereignete. In diesem Fall hatte der bewaffnete Ehemann die Frau mehrfach schwer misshandelt und bedroht. Diese Informationen lagen der Polizei und der Justiz vor, trotzdem wurde er nicht verhaftet. Die Gefährlichkeit von Gewalttätern im Familienkreis wird leider von den Behörden noch immer unterschätzt. Besonders gefährlich sind Zeiten von Trennung und Scheidung, die meisten Mordversuche und Morde werden in dieser Zeit verübt. Darum benötigen die Betroffenen besonders in Trennungsphasen umfassenden und wirkungsvollen Schutz.

Die bisherigen Erfahrungen mit dem Gewaltschutzgesetz haben gezeigt, dass die Frauenhäuser dadurch nicht überflüssig geworden sind. Nach wie vor wenden sich zahlreiche Frauen an die Frauenhäuser. Auch muss bedacht werden, dass die Dunkelziffer in diesem Bereich sehr hoch ist und sich längst nicht alle Betroffenen melden. Die Interventionsstellen erreichen durch den pro-aktiven Ansatz eine bisher nicht erreichte Gruppe von Opfern familiärer Gewalt. Sie sind somit ergänzende Einrichtungen, keinesfalls jedoch Ersatz für die Frauenhäuser. Die Interventionsstellen arbeiten daher intensiv mit den Frauenhäusern und Frauenberatungsstellen zusammen und bilden gemeinsam ein Netz an Hilfsangeboten.

Auch hat sich gezeigt, dass der Schutz vor Gewalt im Gesetz in einigen Bereichen zu sehr an Fristen und Verfahren gebunden ist. Betroffene Frauen und ihre Kinder erhalten derzeit keinen Schutz, wenn sie schon mehr als drei Monate vom Täter getrennt leben oder schon geschieden sind. Misshandlungen und Drohungen gehen aber erfahrungsgemäß oft noch viele Monate, in manchen Fällen sogar Jahre über die Trennung hinaus.

Die Dauer der »Einstweiligen Verfügung« ist darum mit drei Monaten zu kurz. Es darf keinen »Freibrief für Gewalt« nach drei Monaten geben. Das Gesetz sollte daher so geändert werden, dass die Einstweilige Verfügung bei Gewalt unabhängig vom Familienstand und von der Dauer des Zusammenlebens verfügt werden kann. Die Geltungsdauer müsste daher auf ein Jahr ausgeweitet werden. Im Gewaltschutz muss der Grundsatz herrschen, dass Schutz gewährt wird, solange Gewalt andauert, nicht solange die Ehe oder Lebensgemeinschaft besteht.

Änderungen sind auch in anderen Bereichen notwendig, vor allem was den Schutz von Migrantinnen von Gewalt betrifft. Diese können sich vom Misshandler häufig nicht trennen, weil sie aufenthaltsrechtlich und ökonomisch von ihm abhängig sind. Das eigenständige Aufenthalts- und Beschäftigungsrecht ist daher die Grundvoraussetzung dafür, dass sich Migrantinnen aus Gewaltbeziehungen befreien können.

Einrichtungen gegen Gewalt an Frauen und Kindern werden auch in Zukunft von jeder neuen Regierung die Fortsetzung des Schutzes vor Gewalt und die Achtung der Menschenrechte aller Frauen und Kinder einfordern und drohenden Rückschritten mit nationalen und internationalen Aktionen wehren.

Barbara Schaeffer-Hegel, Politikwissenschaftlerin, steht für
die Verbindung von Wissenschaft und Praxis. Sie lehrt seit
1972 am »Institut für Sozialwissenschaften in Erziehung und
Ausbildung« der Technischen Universität Berlin und veröffentlichte zahlreiche Studien, vor allem zu dem Verhältnis
von Frauen und Macht. Sie initiierte die »Europäische Akademie für Frauen in Politik und Wirtschaft«, deren Vorstandsvorsitzende sie ist. Die Akademie hat sich das Networking
von Frauen und die systematische Förderung des weiblichen
Nachwuchses zur Aufgabe gemacht. Schaeffer-Hegel ist verheiratet und hat vier Kinder.

STRATEGIEN ZUR ERLANGUNG DER MACHT

Barbara Schaeffer-Hegel

Macht ist keine Eigenschaft und sie hat kein Geschlecht. Macht an sich ist weder weiblich noch männlich, weder gut noch böse. Moralische Unterschiede liegen allein in den Machtmitteln und in den Zielen, für die Macht eingesetzt wird. Doch Macht ist nötig, um Machtverhältnisse zu verändern. Und wenn wir Frauen die Macht der Männer erschüttern, an ihr teilhaben wollen, müssen wir gemeinsam zu einer Macht der Frauen beitragen. Das fällt uns nicht leicht, denn unsere Tradition lehrte uns nicht die Frauenbündelei, sondern die Frauenrivalität.

Wir Frauen haben jahrtausendelang in Strukturen gelebt, in denen die andere Frau – die ältere, die klügere und erst recht die jüngere – immer eine Bedrohung für die eigenen Lebenschancen gewesen ist. Denn die Ressourcen sind immer über Männer vergeben worden, und die Jüngere und Hübschere oder auch die Mutter waren Konkurrenz in Bezug auf den Mann, der der Vermittler von allem, was das Leben so zu geben hat, war.

Diese strukturbedingte Entsolidarisierung wirkt bis heute nach. Sie wurde aber Gott sei Dank durch die Frauenbewegung und vor allem durch die Tatsache modifiziert, dass eine zunehmende Anzahl von

Frauen ihre Lebenschancen nicht mehr über einen Mann beziehen, sondern eigene Ressourcen haben, selber berufstätig sind und deswegen frei sind für die Solidarisierung unter Frauen.

Es hat sich da also etwas geändert. Aber das genügt nicht. Die Kinderfrage ist trotz Frauenberufstätigkeit weiterhin ein Problem – sie ist die Frage Nummer 1. Nicht, wer die Kinder gebiert, wer sie stillt, ist das Problem, sondern die Frage ist: Wer kümmert sich um die Kinder? Um mehr Veränderungen zu erreichen, brauchen wir: ausreichend Kinderkrippen und -gärten, Ganztagsschulen, andere Öffnungszeiten von Ämtern, Banken und vielleicht auch von Geschäften. Bei den Geschäften tut sich schon ein bisschen was, weil das mit Gewinnstreben zusammenhängt. Bei den Schulen tut sich überhaupt nichts in Deutschland.

Das Zweite, was geändert werden muss, sind die männlichen Karrieremuster. Die dürfen sich nicht nur am beruflichen Aufstieg, am Ausgebranntsein mit Teilzeit ab 50 und dann Rente und Mallorca ab 60 orientieren, sondern müssen in Rechnung stellen, dass da auch so etwas wie Familie ist.

Wir brauchen neue Väter und neue Mütter. Frauen, die entschlossen sind, ihre vielfältigen Fähigkeiten im Leben umzusetzen. Die weder auf Kinder noch auf Karriere verzichten wollen. Die ihre Männer nicht nach Portemonnaie und Position in der Firma aussuchen, sondern nach ihrer Fähigkeit zur Fürsorge, Väterlichkeit und der Bereitschaft, Familienarbeit zu teilen.

Wie nun könnten wir die Macht erobern, die wir zu der Durchsetzung der individuellen und gesellschaftlichen Verhältnisse brauchen? Ich plädiere für zwei unterschiedliche Strategien, die wir beide brauchen. Beide müssen in steter Wechselwirkung miteinander stehen: 1. die Strategie der Unterwanderung bestehender Machtzentren und 2. die Strategie des Aufbaus eigener Machtzentren.

Machtzentren der Frauen gibt es inzwischen – EMMA ist ein solches Machtzentrum, der FrauenMediaTurm ist eines, die von mir in Berlin initiierte »Europäische Akademie für Frauen in Politik und Wirtschaft« ist eines – wir haben gelernt, mit den Frauen, die die Strategie der Unterwanderung einschlagen, zu kooperieren. Das war nicht immer so und ist ein großer Fortschritt.

Denn die beiden Strategien scheinen sich zu widersprechen: Die Strategie der Unterwanderung bedeutet Anpassung an Vorhandenes, und das heißt: Kompetenz erwerben und konkurrenzfähig sein; mindestens ebenso gut, im Zweifelsfall aber besser als die Männer; entscheidungswillig, durchsetzungsfähig und erfolgsorientiert sein; gegebenenfalls hart im Nehmen und im Geben; hart in der Sache, aber – und das können wir Frauen ja auch besser – weich zu den Menschen. In der Sache deutlich und klar, aber im Umgang nicht verletzend. Das ist unsere große Chance, das können Männer nicht so gut.

Wir müssen uns in allen Bereichen, in den Parteien, in den Verwaltungen, in der Wirtschaft und an der

Universität auf den Karriereweg begeben – wie schwer das auch sein mag und welche Widerstände einem da auch entgegenkommen mögen. Und wir müssen den schwierigen Spagat zwischen den privaten Bedürfnissen und den Erfordernissen des Berufslebens wagen. Leider ist es im Moment noch so, dass jede Frau bzw. jedes Paar diesen Widerspruch weitgehend für sich allein lösen muss. Doch nur wer die Strukturen kennt, kann sie auch verändern. Nur von innen heraus, nur mit Rücksicht auf das jeweils Machbare lassen sich Strukturreformen durchsetzen.

Gleichzeitig ist es natürlich wichtig, dass andere den Ball noch weiter werfen und nicht nur pragmatische, sondern darüber hinausgehend auch utopische Ziele einklagen. Aber auch sie müssen Verständnis dafür aufbringen, dass das Machbare der erste Schritt ist und erst der zweite Schritt das (noch) Utopische.

Für beide Wege brauchen wir Frauen eigene Machtzentren, eigene von Frauen getragene und bestimmte Orte und Organisationen, die quer zu den männerdominierten Machtstrukturen liegen. Das macht uns unabhängig und mächtiger gegenüber diesen männlichen Machtzentren.

Das gilt insbesondere für die Frauen in der Politik: Erst wenn wir da wirklich machtvolle, parteiübergreifende Frauenbündnisse haben, haben wir auch Druckmittel gegenüber den Männern der eigenen Partei. Deswegen ist es so wichtig, solche Kooperationen zu unterstützen. Wir versuchen das u.a. in Berlin mit der »Europäischen Akademie für Frauen in Politik und Wirtschaft«.

Wir haben in der Bundesrepublik in der Vergangenheit schon ein paar Beispiele gehabt, wo eine solche überfraktionelle Frauenkoalition sich im Bundestag durchsetzen konnte (Beispiel Vergewaltigung in der Ehe). Solche Frauenbündnisse erleichtern Informationen, Synergien, Kontakte, Personalentscheidungen und erhöhen die Einflussmöglichkeiten. Und natürlich sind solche Frauenbündnisse auch für längerfristige Strategieentwicklungen und Absprachen wichtig.

Beispiel Bundespräsidentin. Damit nicht wahr wird, was Dieter Hallervorden jüngst gespottet hat – nämlich dass die SPD zu einer Partei wird, deren Zielsetzung es ist zu verhindern, dass eine Frau Bundespräsident wird –, denke ich, dass wir rechtzeitig anfangen müssen, nicht 13 oder acht oder sieben Kandidatinnen zu präsentieren, sondern ganz klar eine Kandidatin aus der CDU und eine aus der SPD. Und diese Kandidatinnen müssen dann langfristig aufgebaut und unterstützt werden. Erst wenn es uns gelingt, die jahrtausendealte Männerstrategie gegenüber Frauen – teile und herrsche – zu durchbrechen, werden wir der Stimme der Frauen Gehör verschaffen.

Ich bin doch nicht ehrgeizig, das hat sich nur alles so ergeben ... Das hört man heute noch von Frauen. Es fällt uns Frauen nicht leicht, Ehrgeiz zu haben und ihn sogar offen zuzugeben. Mir wurde das immer vorgeworfen. Ich sei ehrgeizig. Na und?

Wir müssen bereit sein, Ansprüche anzumelden, anstatt darauf zu warten, dass uns jemand eine Stelle oder eine Beförderung auf dem Silbertablett präsentiert. Wir müssen lernen, bei der Verfolgung eigener Ziele Konkurrenten bewusst und geplant auszustechen, auch Frauen – tut mir Leid. Wir müssen lernen, berufliche und politische Auftritte zu planen und effektvoll zu inszenieren. Und wir müssen die Regeln der Hierarchien für unsere eigenen Karrieren nutzen lernen. All diese Eigenschaften brauchen Frauen, um in Männerorganisationen erfolgreich zu sein und an die Spitze zu kommen.

Und wir müssen lernen, Frauen zu respektieren, die einen anderen Weg gehen. Mit ihnen zu kooperieren, auch wenn sie in wesentlichen Fragen anderer Meinung sind. Mit Frauen zu konkurrieren und Konflikte offen auszutragen, ohne den Kontakt abzubrechen – bei den Männern ist das das berühmte Glas Bier danach.

Es fällt uns schwer, von der Freundinnenkultur – der einzigen, die den Frauen zugestanden war – zu einer Kultur der professionellen Kooperation zu gelangen. Aber: Wir Frauen müssen lernen, beide Strategien, die der Unterwanderung und die der eigenen Machtzentren, wirkungsvoll und in gegenseitiger Achtung und Kooperation zu verfolgen.

Sonja Bischoff, Professorin für Betriebswirtschaftslehre an der »Hochschule für Wirtschaft und Politik« in Hamburg, ist zur Zeit eine der meistzitierten Expertinnen zum Thema »Frauen und Karriere«. Daneben zahlreiche Beratungs- und Seminartätigkeiten und Mitglied in diversen Beiräten. Bischoff führte in den vergangenen Jahren zahlreiche Studien zu Männern und Frauen in Führungspositionen und dem Verhältnis der Geschlechter zur Macht durch. Sie ist verheiratet.

MACHT DURCH GELD

Sonja Bischoff

Ich möchte ein Buch empfehlen, das (leider) nicht ich geschrieben habe: Es ist von Robert Greene, heißt »Power – die 48 Gesetze der Macht«, und es ist außerordentlich lesenswert. Da stimmt ausnahmsweise, was der Klappentext verspricht: Sie erfahren alles, was Sie über Macht wissen müssen – allerdings auch nur dann, wenn man sich mit dem begnügt, was der Klappentext auch verspricht. Das Buch ist eine literarische und historische Fundgrube voller Überraschungen – vor allem für diejenigen, die schon Macht haben, nämlich durch Geld! Denn diese Variante kommt in dem Buch nicht vor.

Wer sich an den 48 Gesetzen der Macht orientieren will, wird sich endlos verheddern in Widersprüche und so lange darüber nachdenken, welches Gesetz wohl gerade auf die eigene Situation anwendbar ist, bis die Macht unversehens bei dem ist, der nicht so lange nachgedacht hat, sondern entschieden hat zu handeln.

Macht, die aus konsequenter Entscheidung und Handlung erwächst, zielt auf Unabhängigkeit und Freiheit.

Macht, die aus Beherrschung anderer Menschen erwächst, zielt auf Hochgefühl und Überlegenheit, macht aber nicht frei, sondern abhängig von den

Beherrschten. Spielen die nicht mehr mit, geht das Ego des einstmals mächtigen Beherrschers zugrunde.

Letztere Art von Macht anzustreben, das mag im Einzelfall zu Genugtuung und Wohlbefinden führen. Um zu dieser Macht – das heißt der Macht im Sinne der Beherrschung anderer Menschen – zu gelangen, muss man sich auf einen Weg machen, auf dem es Sieger und Besiegte gibt.

Vielleicht ist es gerade diese Vorstellung von Macht, die viele Frauen davor zurückschrecken lässt, sich damit überhaupt zu befassen – oder sich gar mit dem Streben nach Macht zu identifizieren!

Als ich 1990 meine Interviewstudie mit Männern und Frauen in Führungspositionen unter dem Titel »Frauen zwischen Macht und Mann« publizierte, hatte dies einen guten Grund: Frauen gaben zum Ausdruck, dass sie hin und wieder die starke Schulter eines starken Mannes vermissten, gleichzeitig distanzierten sie sich von der Macht in vielfältigen Formulierungen; eine Frau brachte es auf den Punkt, indem sie sagte: »Macht ist ein böses Wort!«

Wovon ich hier reden will, ist die Macht, die frei macht, die nicht das Ergebnis von Unterdrückung und Missachtung anderer ist, auch nicht das Ergebnis arroganter Überheblichkeit. Ich meine die Macht, über sein eigenes Wohlbefinden, eigene Entscheidungen und Handlungen so bestimmen zu können, wie »frau« es sich wünscht; das heißt die Realitäten des eigenen Lebens so zu gestalten, wie man es verantworten kann und muss. Und dazu gehört ohne Zweifel Geld!

Die 48 Gesetze der Macht des Robert Greene zeigen den herkömmlichen Weg: erst die Macht und dadurch das Geld; erst die Position, das Amt, dann das Geld; erst Minister, dann Armani; erst Kanzler, dann Brioni! Kein Wunder, dass auf diesem Wege der Glaube an die Möglichkeit eines gemeinwohlorientierten zivilisierten Gebrauchs der Macht erschüttert wird: wenn nämlich Macht das Vehikel ist, um reich zu werden!

Denken wir doch andersherum: »Erst das Geld – dann der machtvolle Gebrauch davon«. Erkennen wir doch an, dass die meisten Menschen zuallererst nach ihrem persönlichen Wohlstand streben, zumindest bis zu individuell sehr unterschiedlichen Grenzen (der eine fühlt sich mit einem Vermögen von 1 Million DM reich, der andere arm). Persönlicher Wohlstand ist ein legitimes Ziel, jeder will nicht nur überleben, sondern möglichst gut leben.

Gut leben, was heißt das?

Darüber bestimmen zu können, wie man leben will! Zum Beispiel auf dem Land, in der Stadt – oder in der Stadt und auf dem Land? Zum Beispiel ungebunden, flexibel und spontan oder angebunden? Zum Beispiel immer hier oder heute hier und morgen dort? Allein, zu zweit, oder im großen Kreis in einem großen Haus? Handwerker sein oder Handwerker beschäftigen? Bettler oder Sponsor oder gar Mäzen sein? Nie Zeit haben – oder sich Zeit nehmen zu können, für das was einem am Herzen liegt? Immer Ja sagen zu müssen – oder Nein sagen zu können, wenn man will? Gut leben heißt, dass man jederzeit die Macht hat, das eigene Leben und die Lebensumstände so zu bestimmen, dass Träume und Wünsche realisierbar sind, wenigstens beinahe realisierbar sind.

Welches Mittel ist dazu besser geeignet als Geld? Und wie kommt man zu Geld?

Durch den Aufstieg in Hierarchien von Organisationen – das ist ein Weg. Das ist für Frauen der entbehrungsreichste und der erfolgloseste Weg. Nach meiner neuesten Studie über Männer und Frauen in Führungspositionen der Wirtschaft glauben etwa genauso viele Frauen wie Männer über Macht in ihren Positionen zu verfügen – aber dennoch verdienen diese Frauen im Regelfall sehr viel weniger als die Männer in vergleichbaren Positionen; der Einkommensnachteil der Frauen in Führungspositionen scheint geradezu zementiert zu sein, jedenfalls im Angestelltenverhältnis. Vorurteile, mangelnde Akzeptanz der Leistungen von Frauen sorgen dafür, dass sich ihre machtvolle Position keineswegs in adäquaten Einkommen niederschlägt.

Bieten Frauen dagegen ihre Leistungen am Markt an, das heißt sind sie Unternehmerinnen, erzielen sie mindestens genauso hohe Einkommen wie Männer, teilweise sogar mehr. Es gelingt ihnen sogar, mit reduzierten Arbeitszeiten in Einzelfällen sechsstellige Jahreseinkommen zu verdienen, da sie entfallende Arbeitseinkommen durch Gewinneinkommen kompensieren können.

Wer Macht im Sinne von Freiheit und Unabhängigkeit haben will, sorge für hohen finanziellen Erfolg, nur der garantiert eine Existenz, in der »frau« ihren Einfluss so geltend machen kann, dass eigene Ziele erreicht werden können. Zumindest statistisch ist es wahrscheinlicher, als Freiberuflerin oder Unternehmerin zu höherem Einkommen und Vermögen zu gelangen als im Angestelltenverhältnis.

Und wem die alte Volksweisheit »Geld regiert die Welt« zu platt erscheint, um sich dem Machterwerb durch Gelderwerb zuzuwenden, der kann sich vielleicht die Erkenntnis eines renommierten Schriftstellers zu Herzen nehmen. Von Somerset Maugham stammt die Erkenntnis: Geld macht zwar nicht glücklich, aber es ist der sechste Sinn, denn nur mit Geld kann man seine fünf Sinne erst richtig genießen. ... und auch die Macht!

Sigrid Metz-Göckel, Soziologin, lehrt an der Universität Dortmund und ist dort seit 1981 Leiterin des Hochschuldidaktischen Zentrums. Sie setzt sich seit Jahren intensiv für Nachwuchsförderung und Frauen an der Hochschule ein und ist im Vorstand der Frauenuniversität auf der Expo 2000 in Hannover. Bekannt über den Wissenschaftsbetrieb hinaus wurde Metz-Göckel durch eine Serie von Studien (z.B.»Der Mann«) in Zusammenarbeit mit der Frauenzeitschrift »Brigitte«. Seit 1994 ist sie im Beirat des FrauenMediaTurm.

FRAUEN EROBERN DEN WISSENSCHAFTSBETRIEB

Sigrid Metz-Göckel

»Die Frau denkt nicht eigentlich, dass die Wahrheit etwas anderes ist, als was die Männer behaupten. Sie denkt eher, dass es keine Wahrheit gibt (...). Nicht allein das Werden des Lebens macht sie misstrauisch gegenüber dem Prinzip der Identität, auch die magischen Erscheinungen, von denen sie umgeben ist, vernichten ihr den Begriff der Kausalität: Sogar im Herzen der männlichen Welt, in sich selbst, erfasst sie die Zweideutigkeit jedes Prinzips, jedes Werts, von allem, was existiert. Deshalb bringen Frauen es auch nicht fertig, eine wirkliche Gegen-Welt aufzubauen, von der aus sie der Männerwelt den Fehdehandschuh hinwerfen könnten. Vereinzelt schimpfen sie auf die Männer im Allgemeinen: Um aber wirklich jene Welt aufzubauen, fehlt ihnen die Kraft der Überzeugung. Ihre Haltung gegenüber dem Mann ist zwiespältig. Er ist tatsächlich ein Kind, ein zufällig und verwundbarer Körper, er ist naiv, ein Egoist, ein Protz. Und zugleich ist er der Befreiungsheld, die Gottheit, welche die Werte verteilt.« (Simone de Beauvoir) [1]

Simone de Beauvoir stieß mit solchen Aussagen über Frauen und Männer auch auf Kritik, vor allem, weil sie den Frauen in der Kulturgeschichte eine Leerstelle zuweist, die bei genauerem historischen

Forschen kurzschlüssig und ungenau ist. Zudem begannen Frauen aus dem Umkreis der Neuen Frauenbewegung ihrerseits, ein Bild von Männern zu zeichnen und ihnen den Spiegel vorzuhalten. Inzwischen ist auch von Männern als dem anderen Geschlecht die Rede, und zur Heldenverehrung taugen, Göttin sei Dank, längst nicht alle klugen Frauen.

Ich glaube, dass Simone de Beauvoir für den Feminismus wichtiger war in dem, wie sie als unabhängige öffentliche Intellektuelle gelebt hat, als in dem, was sie geschrieben hat, wenn auch beides innig miteinander zusammenhängt. Mein Eindruck ist, dass sie für Frauen meiner Generation einflussreich als autonome Denkerin, politische Schriftstellerin, kritisch engagierte und schließlich frauenbewegte Intellektuelle war. Ihre öffentlich »zelebrierte« originelle Mischung aus privater Lebensform und öffentlicher Artikulation hat mich am meisten beeindruckt: dass sie einen Lebensgefährten hatte, ihm aber nicht auf Gedeih und Verderb verpflichtet war, dass sie in getrennter Wohnung lebte und aus ihrer Abneigung gegen öde zeitfressende Hausarbeit keinen Hehl machte und lieber im Hotel als im eigenen Haushalt lebte. Kurz: Solch eine provokative private Lebensgestaltung mit dem Anspruch, Geist und Wort zum Maßstab von Weiblichkeit zu machen, hat die Möglichkeit anderer Weiblichkeits- und Lebensentwürfe für viele Frauen beflügelt.

Die Wege von Frauen in der Wissenschaft sind verschlungen, brüchig und gelegentlich auch stromlinienförmig wie ihre Biografien. Die Universitäten und mit ihnen die Wissenschaft sind die zurückgebliebenste aller Provinzen, resümierte die Professorin, dann Justizministerin und inzwischen Präsidentin des Bundesverfassungsgerichts Jutta Limbach. Recht hat sie. Die akademische Bildungselite und mit ihr die Universitäten als Orte der Wissensproduktion sind hinsichtlich Geschlechtergerechtigkeit keineswegs die Avantgarde, vielmehr die Nachhut. Gleichwohl sind sie vom Aufbruch der Frauen nicht unberührt geblieben. Jutta Limbach und Rita Süssmuth sind Beispiele einer akademischen und gesellschaftlichen Karriere von Frauen, cross overs, wie sie zur Zeit genannt werden, deren es noch viel zu wenige gibt, aber immerhin.

Ungeniert lässt sich behaupten, das 20. Jahrhundert ist das Jahrhundert der Frauenbildung. In ihm hat die Verwandlung eines weiblichen Bildungsdefizits in einen Bildungsvorsprung stattgefunden, jedoch mit einem widersinnigen Effekt. Die Gesamtbilanz der Beteiligung von Frauen an der Wissenschaft sieht nur auf den ersten Blick strahlend aus. Mit der stillen ›weiblichen‹ Bildungs-Revolution ist keineswegs die gesellschaftliche Gleichstellung oder gar die Umverteilung von Arbeit und Macht zwischen den Geschlechtern einhergekommen. Ungerührt blieb gerade im Wissenschaftsbetrieb die Struktur des Geschlechterverhältnisses erhalten, trotz rasanter Erfolge des Feminismus.

Mit der Gleichstellung der Frauen in der Wissenschaft geht es noch um etwas anderes als nur um Bildung und Wissen, nämlich um die Macht zu definieren, was Qualifikationen sind und darüber mit zu entscheiden. Das Patriarchat oder genauer die »männliche Herrschaft« (Bourdieu) ist zwar aus der Balance geraten, weil auf Seiten der Frauen sich so viel geändert hat, aber keineswegs aus den Angeln gehoben. Das ist die erste Bilanz.

Frauen sind inzwischen aber so qualifiziert und motiviert, dass sie als Reformpotenzial wirken und zu Pionierinnen geworden sind. Zu dieser Einsicht, dass den Hochschulen vieles entgeht und sie dabei sind, sich selbst zu disqualifizieren, hat sich sogar der Wissenschaftsrat durchgerungen.

In diesem Widerspruch zwischen Qualifikationssprung von Frauen und Strukturresistenz der Hochschulen hat in Deutschland eine neue Debatte um die Errichtung von Frauenhochschulen begonnen, als Hochschulreform einerseits und Wissenschaftskritik andererseits. Im Rückblick auf die letzten 30 Jahre feministischer Forschung der Bundesrepublik möchte ich drei Phasen unterscheiden:

Die erste Phase des feministischen Aufbruchs Ende der 6oer und Anfang der 7oer Jahre war durch einen Generalangriff auf das Patriarchat und die Hochschulen als männerdominierte Institutionen gekennzeichnet, in einer radikalen und pauschalierenden Sprache und mit Kampfbegriffen wie Ausbeutung und Unterdrückung, Patriarchat und Feminismus. Von Frauen war in einer vereinheitlichenden Weise die Rede. Im Schwung der neuen sozialen Bewegungen politisierten sich Frauen als eigenständige Kraft, begingen

viele Regelbrüche, formulierten radikale Gegenvor-
stellungen und errangen sensationelle Medien-Auf-
merksamkeit. Es war die Zeit der ersten Frauensemi-
nare mit dem Ausschluss von Männern, der Berliner
Sommeruniversitäten und erster feministischer Texte
von Studentinnen und Wissenschaftlerinnen.

Die zweite Phase der 80er Jahre war gekennzeichnet durch eine Vergemeinschaftung von Frauen in
einer Vielzahl von Projekten, die sich in einer Selbstorganisation, Separierung und Ausdifferenzierung
von Ideen und Arbeitsbereichen verwirklichte. Diese
Phase der Gegenkultur war auch verbunden mit einer
Auseinandersetzung zwischen Frauen und den Projekten und führte zu Spaltungen und ersten Institu-
tionalisierungen von autonom entstandenen Frauenprojekten in den Hochschulen, zum Beispiel zu den
Frauenstudien in Dortmund.

In der dritten Phase verschoben sich die Grenzen
und Zusammenschlüsse. Eine Vernetzung mit den
etablierten Frauenorganisationen, Gewerkschaften,
Frauenrat und Kirchen kam auf die Tagesordnung,
und neben der Frauenhochschulbewegung etablierte
sich eine offizielle Frauenpolitik an den Hochschulen.

Der Druck von unten wurde sanfter, dafür begann
ein Druck von innen und von oben, von denjenigen
Frauen, die in den Hochschulen Fuß fassen konnten.
Damit einher ging eine Radikalisierung der Etablierten und eine Entradikalisierung der Feministinnen.
Eine Interventionskultur zeichnete sich ab, die nicht
mehr vor den Institutionen Halt machte. Die Frauen

in den politischen Parteien, Gewerkschaften und Kirchen begannen ihrerseits Forderungen zu stellen und viele Themen auf die politische Agenda zu setzen, die als Auftragsforschung auch zur Förderung von Frauenprojekten führte und die Vernetzung von Wissenschaft und Frauenpolitik beflügelte. Sie hält bis heute an. Ohne diese Vernetzung und frauenpolitische Durchdringung vieler Institutionen wäre die Finanzierung und Realisierung der Internationalen Frauenuniversität im Jahre 2000 nicht möglich geworden.

Während es lange schick war und immer noch ist, sich von Feministinnen als den radikalen Frauen zu distanzieren, kam es unter der Hand zu einer wechselseitigen Einflussnahme durch vermehrte Kontakte und Kooperation, zu einer Mäßigung der Radikalen und einer Radikalisierung der Gemäßigten. In dieser Phase einer allseitigen Mobilisierung verbreitete sich die Einsicht in die Notwendigkeit einer entschiedenen Reform, die Frauenpolitik gewann an Schwung, vor allem in den Institutionen. Quotierung, Frauenbeauftragte, Frauenförderpläne, Preisverleihungen und vieles mehr bilden ein neues Repertoire der Frauen-Politik, die zur Strukturpolitik werden muss, um eine demokratieverträgliche Gleichbeteiligung von Frauen zu erreichen. Dafür sind neue Konzepte vonnöten.

Mainstreaming ist nun die vierte Phase Ende der 90er Jahre. Die Klientelorientierung auf Frauen tritt in den Hintergrund und die Strukturpolitik in den Vordergrund. Klar ist inzwischen, dass die Hochschulen der BRD im internationalen Vergleich versagt und den Verfassungsauftrag missachtet haben. Das erklärt den neuerdings scharfen Ton in der Frauenpolitik. Nicht mehr die Frauen gelten als defizitär, sondern das Hochschul- und Wissenschaftssystem, das Frauen ausschließt oder ihnen keine angemessenen Betätigungsmöglichkeiten einräumt.

Die große alte Dame der Deutschen Forschungsförderung, die Deutsche Forschungsgemeinschaft, reagierte erst 1990 auf die vielfachen Selbstorganisationen von Wissenschaftlerinnen und eine Forschungsentwicklung, die sich weitgehend außerhalb des institutionalisierten Rahmens vollzogen hatte. Lange hat es gedauert und mehrerer Anläufe bedurft, ehe die etablierte Forschungsförderung sich den Frauen öffnete und 1998 einen Schwerpunkt »Professionalisierung, Organisation, Geschlecht« einrichtete und Graduiertenkollegs zur Frauen/Geschlechterforschung bewilligte.

Inzwischen gibt es in der Bundesrepublik 104 Professuren für Frauen/Geschlechterforschung und in Nordrhein-Westfalen ein Netzwerk Frauenforschung mit 45 Professuren in vielen Disziplinen, die meisten allerdings in den Sozialwissenschaften. Das Niedersächsische Ministerium für Wissenschaft und Kultur richtete zwei Kommissionen ein, um Empfehlungen zur Förderung von Frauen in der Wissenschaft auszuarbeiten. In der Medizin und den Biowissenschaften, in den Natur- und Ingenieurwissenschaften wird die Geschlechterdimension immer noch kaum reflektiert.

Die Frauenforschung begann mit einem Verständnis von Geschlecht als Nebenwiderspruch und einer analytischen Bestimmung als soziale Strukturkategorie und sozialer Platzanweiser. Das (modische) Konzept der Dekonstruktion konfrontiert alle Verallgemeinerungen damit, dass diese in Wahrheit jeweils nur auf einen bestimmten Kontext und eine begrenzte Zeitphase bezogen sind. Diese Denkbewegungen zeigen Gemeinsames wie Trennendes zwischen Frauen auf und signalisieren eine leise kulturelle Verselbständigung von Frauen, eine Ablösung von männlicher Anerkennung und eine Bezugnahme auf Frauen untereinander sowie eine Individualisierung, ja Subjektwerdung, die allesamt eine Distanzierung vom traditionellen Frauenbild einläuten.

Mit der Frauen/Geschlechterforschung hatten Frauen eine Weile ein Monopol in der Deutung der Geschlechterverhältnisse und Beziehungen. Daher gelang im Prozess der Institutionalisierung der Frauenforschung die Besetzung dieser Stellen mit Frauen fast unbestritten. Das beginnt sich zu wandeln, obwohl ein Prozess der Verankerung der Frauen/Geschlechterforschung in Lehre und Forschung an den Hochschulen auf einem Höhepunkt zu sein scheint.

An vielen Hochschulen wird die Einrichtung von Studienschwerpunkten, Forschungszentren und Graduiertenkollegs vorbereitet oder ist bereits vollzogen. Diese Integration verläuft relativ unspektakulär als Anpassungsprozess von zwei Seiten: Die engagierten und aufmüpfigen Frauen haben sich den vorgegebenen Strukturen weitgehend wieder angepasst, und die Hochschule belohnt diese »Bescheidenheit« mit einer »reservierten Ecke« für Frauen.

Gleichzeitig entwickelt sich die Frauenforschung in der öffentlichen Terminologie und unter der Hand zur Geschlechterforschung und zu Geschlechterstudien/ gender studies. Mehr Aufmerksamkeit und Rücksicht gilt wieder dem anderen Geschlecht. Wie weit dies ein Backlash-Phänomen oder ein weiterer Schritt zur Gleichheit ist, werden wir erst später sehen. Erstmalig können wir allerdings ernsthaft von einer Geschlechterkonkurrenz in der Wissenschaft reden. Dies macht die Auseinandersetzungen nicht einfacher.

Das Modell einer Gleichberechtigung der Geschlechter als Angleichung von Frauen an das männliche Lebensmodell ist rasch an seine Grenzen gestoßen. Die Differenzierung der Lebensformen allein lebender Frauen spiegelt die deutlichste Veränderung in den Lebensformen von Frauen, aber der/die mobile Single ist kein verallgemeinerbares Lebens-Modell. Die individuelle Verselbstständigung ignoriert die reproduktiven und kollektiven Bedürfnisse. Beides ist nur durch eine Umstrukturierung der Arbeits- und Machtverteilung möglich. Deshalb gewinnt die Machtfrage zwischen den Geschlechtern an Bedeutung. In der Wissenschaft heißt dies: Wer hat die Macht, Probleme zu definieren und auf ihre Lösung hinzuwirken?

Die erste Internationale Frauenhochschule (ifu) in Deutschland im Rahmen der Expo 2000 ist eine Folge der Erstarkung von Frauen und ihrer Kritik- und

Gestaltungsfähigkeit. Nicht mehr um Reformen von innen oder Druck von außen geht es, sondern um den Entwurf einer Hochschule, die in sich viele Reformelemente vereint. Sie ist an zentralen Problemstellungen (weltweit) orientiert und global in ihrer Perspektive wie personellen Zusammensetzung. Die Geschlechterdimension ist in die interdisziplinären Studienschwerpunkte integriert. Es wurden ausschließlich Wissenschaftlerinnen zur Mitarbeit eingeladen, die bereit mit einem »Geschlechterblick« zu den ausgewählten Problemstellungen gearbeitet haben. Ein Service-Center vereint alle Dienstleistungen für die Studierenden und ihre Selbstorganisation unter einem Dach. Zwar von Frauen entwickelt und realisiert, hat die »ifu« jedoch den Anspruch, ein verallgemeinerungsfähiges Modell zu sein. Sie ist eine Reaktion auf die Reformunfähigkeit der deutschen Hochschulen und ihre Unwilligkeit, Frauen als Wissenschaftlerinnen auf allen Hierarchiestufen paritätisch zu beteiligen. Realisiert wurde sie als Verbundprojekt mehrerer Hochschulen und einer bisher einzigartigen Mischfinanzierung von Bund, Ländern, Stiftungen und privaten Einrichtungen, die zukünftig beispielhaft sein könnte. Sie ist in erster Linie ein Beitrag zur wissenschaftlichen Nachwuchsförderung von Frauen aus der ganzen Welt und ein postgraduales Studium in den Bereichen Arbeit, Information, Körper, Migration, Stadt, Wasser.

Die »ifu« basiert auf fünf übergeordneten Prinzipien:

- Interdisziplinarität in der Ausrichtung der Projekt-
bereiche;
- Integration der Geschlechterperspektive in die
Projektbereiche;
- Internationalität bzw. Interkulturalität als gleich-
wertige Multiperspektivität;
- Theorie-Praxis-Integration in Projekten und
Beteiligung von NGO-Organisationen;
- Integration von Kunst und Künstlerinnen als ei-
genständige Problemsicht.

Sie ist keine offene Hochschule wie die Berliner Sommeruniversitäten in den 70er Jahren und eher mit
einer großen Summer School oder einer Graduate
School vergleichbar und an den erfolgreichen Ab-
schluss eines Studiums und den Nachweis von For-
schungs- bzw. Praxiserfahrungen gebunden. Beim
Werben um Studierende in der ganzen Welt für das
deutsche Frauenhochschulprojekt gingen 1540 Be-
werbungen aus 130 Ländern ein.

Die »ifu« rekrutiert eine Bildungselite von Frauen
aus allen Teilen der Welt. Als anspruchsvolles Angebot
organisiert sie eine bestmögliche Ausbildung für die
nächste Generation von Wissenschaftlerinnen und
Wissenschaftsmanagerinnen. Sie verwirklicht dies in
einem selbst geschaffenen innovativen Kontext mit
transdisziplinären Projekten und als Projekt der globalen wissenschaftlichen Vernetzung und Frauenförderung in einer »humanen geschlechtersensiblen Wis-
senschaftsperspektive«. Somit liefert sie einen kritischen Beitrag zur Entwicklung der Wissenschaften

und ist bestrebt, ihrem innovativen Charakter Nachhaltigkeit und Übertragbarkeit zu sichern.

Begleitend zur »ifu« wird eine virtuelle internationale Frauenuniversität (vifu) aufgebaut, die auch Folgeprojekte in den verschiedenen Hochschulen betreuen wird. Dazu zählt die Vorbereitung von europäischen Graduiertenkollegs, internationale Studiengänge der Gender Studies, sowie internationale Forschungs- und Kompetenzzentren der Frauen- und Geschlechterforschung.

Die Internationale Frauenuniversität während der Expo 2000 hat viele Ressourcen für Frauen in einem einmaligen Großprojekt von flüchtiger Dauer gebunden. Sie könnte dazu beitragen, zukünftige Frauenprojekte in größeren Dimensionen zu denken und der »Männerkultur« im Sinne von Beauvoir die Kreativität von Frauen entgegenzusetzen. Das Konzept für die Fortführung der internationalen Frauenuniversität als Kombination von virtueller und Präsenzuniversität hat gute Aussichten auf Realisierung.

Simone de Beauvoir war eine der ersten Frauen, die an der koedukativen Grande Ecole in Paris studiert und diese als jüngste ihrer Klasse abgeschlossen hat. Als Absolventin dieser Elite-Bildungsinstitution gehörte sie zur intellektuellen Elite. Ich denke, die erste Internationale Frauenuniversität hätte ihr gefallen, weil sie traditionelle Grenzen überschreitet, in ihrem Anspruch unbescheiden ist und Frauen als das Allgemeine setzt.

Literatur:

Ulla Bock: Am Ausgang des Jahrhunderts. Institutionalisierung von Frauenstudien an deutschen Universitäten (Feministische Studien 2/1998); Pierre Bourdieu: Männliche Herrschaft revisited (Feministische Studien 2/1997); Doris Janshen: Die Technische Universität der Frauen Europas. Eine konkrete Vision für die Jahrtausendwende (in: Metz-Göckel/Steck, Hg.: Frauenuniversitäten. Initiativen und Reformprojekte im internationalen Vergleich (Opladen 1997); Sigird Metz-Göckel: Die Frauenhochschule. Eine realistische Vision (in: Kucklich: Unternehmen Zukunft. Frauen erobern die Naturwissenschaft und Technik, Frankfurt a. M. 1994); Ursula Müller: Von der Gegen- zur Interventionskultur. »Frauenforschung« als institutionalisierte Sozialwissenschaft (in: Metz-Göckel/Steck: Frauenuniversitäten. Initiativen und Reformprojekte im internationalen Vergleich, Opladen 1997); Ayla Neusel: 100 Tage für 100 Jahre. Internationale Frauenuniversität ›Technik und Kultur‹ im Rahmen der Weltausstellung EXPO 2000 in Hannover (in: Metz-Göckel/Steck: Frauenuniversitäten. Initiativen und Reformprojekte im internationalen Vergleich, Opladen 1997); Niedersächsisches Ministerium für Wissenschaft und Kultur: Frauenförderung ist Hochschulreform – Frauenforschung ist Wissenschaftskritik, Bericht der niedersächsischen Kommission zur Förderung von Frauenforschung und zur Förderung von Frauen in Lehre und Forschung (Hannover 1994); Niedersächsisches Ministerium für Wissenschaft und Kultur: Berichte aus der Frauenforschung: Perspektiven für Naturwissenschaften, Technik und Medizin (Hannover 1997); Kommission »Institutionalisierung der Frauen- und Geschlechterforschung an baden-württembergischen Hochschulen: Sachstand und Empfehlungen (Stuttgart 2000); Christine Roloff (Hg.): Hochschulstrukturreform und Frauenpolitik (in: Zeitschrift für Frauenforschung 3/1996); Christine Roloff (Hg.): Reformpotential an Hochschulen. Frauen als Akteurinnen in Hochschulreformprozessen (Berlin 1998); Hedwig Rudolph: Die Hälfte des Himmels und die Hälfte der DFG-Mittel? (in: Feministische Studien 1998, H. 2); Barbara Stiegler: Frauen im Mainstreaming – Politische Strategie und Theorien zur Geschlechterfrage, hrsg. von der Friedrich-Ebert-Stiftung, Abt. Arbeits- und Sozialordnung (Bonn 1998); Wissenschaftsrat: Empfehlungen zur Chancengleichheit von Frauen in der Wissenschaft und Forschung (Köln 1998).

---

1) Simone de Beauvoir, »Das andere Geschlecht. Sitte und Sexus der Frau«, (1968) Reinbek, S. 71

SIMONE DE BEAUVOIR – SARTRES SCHÜLERIN?

Margaret A. Simons, Philosophin, beschäftigt sich seit 30 Jahren mit Leben und Werk von Simone de Beauvoir, promovierte über sie und hat zahlreiche Aufsätze und Bücher über sie veröffentlicht. Seit 1980 lehrt sie Philosophie an der Southern Illinois University in Edwardsville und koordiniert dort die Women's Studies. Simons ist in diversen Organisationen für feministische Philosophie organisiert und war jahrelang die Herausgeberin von »Hypatia«. Zur Zeit bereitet Simons zusammen mit der Adoptiv-Tochter Beauvoirs, Sylvie le Bon, die Herausgabe von Simone de Beauvoirs frühen Tagebüchern vor.

234

DIE ENTWICKLUNG VON BEAUVOIRS PHILOSOPHIE VOR SARTRE

Margaret A. Simons

In ihren Memoiren bezeichnete sich Beauvoir als eine »literarische Schriftstellerin« und behauptete, keine »ideengebende Philosophin« zu sein. Sie nannte Sartre als den eigentlichen Schöpfer der philosophischen Theorien in »Das andere Geschlecht« und ihren anderen Arbeiten. Doch Beauvoirs handgeschriebenes Tagebuch aus dem Jahr 1927 erzählt eine ganz andere Geschichte.

In diesem Band, den sie als 19-jährige Philosophiestudentin an der Sorbonne schrieb, definiert Beauvoir bereits einige der zentralen Fragestellungen und Positionen ihrer späteren philosophischen Arbeiten, einschließlich »Das andere Geschlecht« – und das zwei Jahre, bevor sie Sartre zum ersten Mal begegnete. Für meine folgende Analyse des Tagebuchs von 1927 bin ich Sylvie Le Bon de Beauvoir zu Dank verpflichtet, die Beauvoirs Tagebücher aus ihrer Studienzeit nach dem Tod ihrer Adoptivmutter entdeckte, und die nun zusammen mit mir und der Forscherin Barbara Klaw an deren Transkription arbeitet.

1927, das Jahr, in dem Beauvoir die Männerwelten der Philosophie und der Sorbonne betrat, wurde für die Studentin zu einem Jahr der persönlichen Krise und der Veränderung. Hinter sich ließ sie die Jahre an einer katholischen Mädchenschule und die sicheren, aber einengenden Grenzen familiärer Beziehungen; hinter sich ließ sie auch ihre obsessive Liebe zu ihrem zynischen Cousin Jacques. Die zentralen Themen, die sie in diesem Jahr in ihrem Tagebuch reflektiert, sind die inneren Turbulenzen, in die sie durch den Glaubensverlust und den Abbruch familiärer Bindungen geriet, der Kampf gegen die Verzweiflung, die Suche nach sich selbst und der Sehnsucht nach Liebe. In einer frühen Eintragung im Tagebuch schreibt Beauvoir: »Ich bin intellektuell sehr allein und sehr verloren an der Schwelle meines Lebens, (...) auf der Suche nach einer Richtung. Ich fühle, dass ich etwas wert bin, dass ich etwas zu tun und zu sagen habe (...), doch meine Gedanken laufen ins Leere: In welche Richtung soll ich sie lenken? Wie kann ich diese Einsamkeit durchbrechen? Was kann ich mit meiner Intelligenz erreichen? (...) Jetzt, wo ich über mein Leben entscheiden muss, bin ich tief verzweifelt. Kann ich mich mit dem zufrieden geben, was man Glück nennt? Oder soll ich diesem Absoluten entgegengehen, das mich so anzieht?«

Im Vorgriff auf Sartre entdeckt Beauvoir einen Grundwiderspruch der menschlichen Wirklichkeit: nämlich den Widerspruch zwischen dem Bedürfnis nach absoluter Rechtfertigung des eigenen Handelns und dem Gefühl von Leere und Nichtigkeit, wenn man merkt, dass diese Rechtfertigung fehlt. In einem Tagebucheintrag vom 16. Juli 1927 beschreibt Beauvoir, wie sehr sie nach einer Herausforderung sucht »und nichts findet, was sich lohnt«. An einer anderen Stelle definiert sie ihre grundlegende philosophische Beschäftigung mit der Suche nach Rechtfertigung und Notwendigkeit im Leben: »Im Grunde befinde ich mich in einer paradoxen Situation. Ich spüre meine Intelligenz, die positive Kraft, die sie entfalten könnte; ich würde gerne etwas tun, (...), mich mit Leidenschaft einem philosophischen Werk verschreiben, (...) ich spürte auch meinen Willen, meine Handlungsfähigkeit (...). Nur, eben diese Eigenschaften, die danach verlangen, dass man sich nützlich macht, zeigen mir, was für eine Illusion es ist, zu behaupten, nützlich zu sein.«

Ein zentrales Thema des Tagebuchs von 1927 ist dasjenige, das sie später mit Sartre gemeinsam beschäftigen wird: Die Gestaltung des Seins. »Oh! Dieses ewige und notwendige Zerrinnen von Dingen und von uns selbst! Wahnsinniges Verlangen nach Sein, das gleichzeitig ein Werden wäre.« An einer anderen Stelle schreibt sie im Tagebuch: »Diese kläglichen Versuche, zu sein! (...) Ich empfinde Frieden und fast Glück, so wertvoll sind mir Bücher, Gespräche und die Süße der Luft. Doch tief innen, verdeckt durch die täglichen Ablenkungen, dieselbe Leere!«

Kritiker haben »Das andere Geschlecht« wegen der darin enthaltenen Theorien über die »Leere« des Bewusstseins und über unser »Getrenntsein« von den Anderen als »männlich« und »sartrisch« bezeichnet. Doch wie die Tagebuchauszüge zeigen, waren diese Theorien schon vor Beauvoirs Beziehung zu Sartre zentral für ihr Leben und Werk. Hinweise auf die »Leere« und das »Nichts« ziehen sich 1927 durch das gesamte Tagebuch, so auch in ihrem Eintrag am 7. Juli, wo ihre Einsicht in die letztendliche Vergeblichkeit menschlichen Handelns die Freude über ihren Erfolg bei den sehr harten Philosophie-Prüfungen untergräbt: »Toll! Ein schöner Erfolg im Leben, dachte ich! Und dann: Ach! Leere, Nichts, Eitelkeit.« Ohne eine äußere, absolute Instanz, die ihrem Handeln einen garantierten Sinn verleiht, erscheint ihr sogar ihr akademischer Erfolg, bisher stets eine Quelle für ihren Stolz, nichtig.

Ihre Auseinandersetzung mit der Philosophie, die sie seit einem Jahr ernsthaft betrieb, hatte ihr die einschneidenden Folgen ihres Glaubensverlusts vor Augen geführt: »Was hat mir dieses Jahr intellektuell gebracht? Ein fundiertes philosophisches Rüstzeug, das meinen kritischen Verstand noch verschärft hat, leider! (...) Bisher habe ich nichts erkennen können als unsere Unfähigkeit, etwas schaffen zu können im Bereich des Wissens wie auch im Bereich der Ethik.« Doch wie können wir ohne erkenntnistheoretische oder moralische Grundlagen unser Bedürfnis in die Tat umsetzen, nützlich sein zu wollen, unsere Talente und unsere Energie für etwas Sinnvolles zu verwenden?

Beauvoirs Erkenntnis, dass ihre Sehnsucht nach dem Absoluten etwas Unmögliches ist, spornt sie an, nach einer philosophischen Rechtfertigung ihres Handelns zu suchen: »Es gibt nichts, woran ich glau-

be. Das ist die schreckliche Sache, die ich mir eingestehen muss, ich glaube nicht einmal an mich selbst.
Ich kann lieben (...) und meine Liebe ausleben: das
ist es, was mir erlaubt, lebendig, leidenschaftlich zu
sein. Doch lässt sich die Liebe nicht von mir beherrschen, und sobald sie aufhört, habe ich nichts, woran
ich mich klammern könnte. Ich hasse Dilettantismus,
aber ist es nicht der Dilettantismus, in dem ich logischerweise enden werde? Bin ich wirklich so weit
von den Skeptikern entfernt, die ich verabscheue?«
Ohne einen absoluten Maßstab als Richtlinie hat
Beauvoir das Gefühl, im Halbwissen zu versinken;
ihre Haltung scheint sie logischerweise in den er-
kenntnistheoretischen Relativismus, also den Skeptizismus, zu führen.

Von den Gefühlen beherrscht, da der Verstand keine Grundlage hat, um das Handeln zu bestimmen,
hat man nichts, an das man sich »klammern« könnte,
wenn die Gefühle sich auflösen: keine verlässlichen
Kriterien, um sich ein Urteil zu bilden und bewusst zu
entscheiden. Aus dieser Besorgnis heraus, so stellt die
Beauvoir-Forscherin Karen Vintges[1] fest, formuliert
Beauvoir hier erstmals die philosophische Frage, die
das Herzstück ihrer Ethik bilden wird: Es handelt
sich um die Suche nach den Kriterien zur Urteilsbil-
dung angesichts des Nichtvorhandenseins absolut
moralischer Werte.

Beauvoirs Kampf gegen diese Verzweiflung zieht
sich durch das gesamte Tagebuch, so auch im folgenden Auszug vom 4. September: »Wieder diese

erdrückende Angst. Die metaphysische Angst des Menschen, der dem Unbekannten ausgeliefert ist. Wie wird man nicht verrückt? Es gibt Tage, an denen ich vor Angst schreie, vor Unwissenheit weine, und dann nehme ich mich wieder zusammen und sage mir: ›Arbeite artig!‹ Doch leider! Ich weiß, dass ich sterben werde, ohne zu wissen!« Zu ihrer Verzweiflung über das Unwissen kommt noch die Angst hinzu: die Angst vor der Einsamkeit; die Angst, ohne den Trost von Freunden und Familie auskommen zu müssen, die ihr in ihrer Absage an Gott nicht folgen können; Angst aber auch vor einem sinnentleerten Leben. Beauvoirs Verzweiflung ist so tief, dass es kaum überrascht, dass sie durchaus die Verlockung kannte, die in der Möglichkeit lag, der Verzweiflung einfach durch Selbsttäuschung zu entgehen, eine Haltung, die sie in ihrem ersten philosophischen Roman »Sie kam und blieb« als »mauvaise foi« bezeichnen wird (Unaufrichtigkeit und auch Selbstbetrug). Der Begriff wird später von Sartre in sein Konzept von »Das Sein und das Nichts« übernommen.

Doch macht das Tagebuch von 1927 auch deutlich, dass Beauvoir sich die Theorie der »Unaufrichtigkeit« anders vorstellte, als Sartre sie später beschrieb. Es bestätigt die Auffassung der Beauvoir-Forscherin Debra Bergoffen, dass für Beauvoir die Ursache für eine Haltung der Unaufrichtigkeit und des Selbstbetrugs in der nostalgischen Sehnsucht des Menschen nach den Gewissheiten und der Geborgenheit der Kindheit wurzelt. »Mademoiselle Mercier versucht, mich zu bekehren. Heute Morgen (...) sehnte ich mich leidenschaftlich danach, das junge Mädchen zu sein, das in der Morgenmesse die Kommunion empfängt und das in gelassener Gewissheit wandelt. Der Katholizismus von Mauriac, von Claudel ... wie er mich geprägt hat und wie viel Raum ich ihm innerlich gebe! Und trotzdem weiß ich, dass ich ihn zukünftig nicht mehr kennen werde. Ich wünsche, nicht zu glauben: ein Glaubensakt ist die größte Verzweiflungstat, die man sich vorstellen kann und ich will, dass meine Verzweiflung wenigstens ihre Klarheit bewahrt, ich will mich nicht selbst belügen.«

Beauvoir gründet ihr Konzept der »Unaufrichtigkeit«, anders als später Sartre, auf die ursächliche Verknüpfung der Versuchung zum Selbstbetrug mit dem Glauben, mit der nostalgischen Sehnsucht nach der Glaubenssicherheit ihrer Kindheit. Auch ihre Beschreibung im Tagebuch, wie die gesellschaftlichen Kräfte ihr Bewusstsein formten, unterscheidet sie als Philosophin deutlich von Sartre. Diese Erkenntnis der Auswirkung ihrer »Situation« auf das Leben eines Mädchens stellt einen Schlüssel zum Verständnis ihrer These dar, dass man »als Frau nicht geboren, sondern dazu gemacht wird«.

Das Empfinden des Nichts, das in der Beschreibung ihrer Erfahrungen im Tagebuch von 1927 eine so zentrale Rolle spielt, wirkt sich auch auf ihre Wahrnehmung der Aufspaltung des Ich aus. Am 28. April schreibt die junge Frau: »Meine Vergangenheit liegt hinter mir wie etwas, was mich verlassen hat, womit ich nichts mehr anfangen kann und was ich mit den Augen eines Fremden betrachte, eine Sache, an der ich keinerlei Anteil habe.« Ihr Ich ist zu einer Fiktion geworden. Am 20. April schreibt sie: »Ich würde gern verstehen, wie es kommt, dass ich mich so von meinen teuersten Erinnerungen und meinen intimsten Sehnsüchten trennen kann. (...) Sie entspringen einer Fiktion. Ich kann mich nicht darin versenken. Es sind nicht meine Erinnerungen.« Abgetrennt von ihren Erinnerungen, muss sie sich selbst neu schaffen. »Aber ich, was bin ich?« fragt sich Beauvoir zu Beginn des Tagebuchs. »Meine Einzigartigkeit resultiert aus keinem Prinzip, auch nicht aus einem Gefühl, dem ich alles unterordnen könnte; sie entsteht nur in mir selbst.«

Beauvoir lehnt die Versuchung ab, auf eine religiöse Definition des Ich als »reiner Geist« zurückzugreifen und nimmt sich vor, sich »nie wieder« von »diesen menschlichen Dingen loszulösen: (...) Nie werde ich aufhören, andere und mich selbst leidenschaftlich zu lieben, denn das Unendliche ist in uns selbst.«

Der drohende Verlust an den Freuden konkreter, gelebter Erfahrungen wirkt ihrem Wunsch nach Gott entgegen: »Ich möchte Gott, und doch ängstigt er mich, weil dann dieser Schmerz, diese Liebe, diese abgelaufene Minute nur noch kleine, vergängliche Dinge wären, die nicht mehr das Unendliche enthielten.« Beauvoir möchte nicht an Gott glauben, schreibt sie an einer anderen Stelle, weil »mich dieser unendliche Gott nur als Person rettet; und es ist meine Individualität, die ich retten will.« Sie nimmt sich vor: »Ich muss mir über meine philosophischen Ideen Klarheit verschaffen und vielleicht fange ich diese Erzählung an, die ich so gerne schreiben möchte.«

Die Beauvoir-ForscherInnen Karen Vintges und Kate und Edward Fullbrook [2] sind sich darin einig, dass gerade die erzählerische Darstellung ihrer Theorie des Ich ein zentraler Bestandteil von Beauvoirs Philosophie ist. Bereits 1927 schreibt Beauvoir, dass auch das Tagebuchschreiben eine Methode ist, um fragmentierte Erfahrungen zu einem Ich zusammenzubringen: »Ich weiß sehr wohl, dass unter dieser scheinbaren Auflösung die starke Einheit meines Ich ist. Wenn ich mich von außen betrachte, finde ich es erschreckend: heftig und intellektuell in der Gruppe, weinend und niedergeschlagen zu Hause, glücklich und leichtfertig woanders. Bei meiner Arbeit in der sozialen Wohlfahrt bin ich engagiert; im Studium bin ich intellektuell; zuhause bin ich ein heulendes Nervenbündel; glücklich und leichtfertig woanders. All das bin ich. Meine Überzeugungen und meine Verwirrungen. Ich muss nur Regeln aufstellen, um mich zurechtzufinden; einen Ausgangspunkt, von dem ich mich entfernen kann. Ich weiß, was ich tun werde: In diesem Tagebuch werde ich meine von mir selbst akzeptierten Erfahrungen erzählen, wie unterschiedlich, ja absurd sie auch sein mögen.«

Beauvoir plant also, sich mit ihrem Tagebuch schreibend selbst zu erschaffen. An einer anderen

Stelle bestätigt sie den Erfolg dieser Strategie: »Während ich nochmal die ersten Seiten dieses Tagebuchs lese, staune ich über die Klarsicht, die Präzision der Analyse und die Fähigkeit, alle Stadien zu beschreiben, die ich durchlebte. Ich bin davon gerührt, als blätterte ich in den Seiten eines anderen. Könnte also auch ich, ich selbst, etwas erschaffen?«

Wie die Hauptfigur in nicht veröffentlichten Kapiteln ihres Romans »Sie kam und blieb«, erlangt Beauvoir ein Bewusstsein ihres Ich durch das Schreiben dieses Tagebuchs. Sie notiert: »Ich erschaffe mich selbst, ich erschaffe meine Geschichte.«

In einer entscheidenden, umfangreichen Eintragung vom 6. Mai reflektiert Beauvoir, wie das Ich »nur in mir selbst entsteht«. In dieser Passage, die Beauvoirs Anwendung einer deskriptiven philosophischen Methodologie demonstriert, beschreibt sie die Erfahrung, sich in Barbier, einen Mitstudenten, zu verlieben:

»Heute Morgen habe ich einen seltsamen Augenblick erlebt, dessen Echo in mir noch nicht verklungen ist. Ich hatte gerade Barbier wiedergesehen. (...) Er sprach mit mir über mich, über Philosophie und Literatur. (...) Und dann (...), einen Augenblick lang, hielt ich ein ganz neues Leben in meinen Händen (...): Ich sah mich zwischen seiner Liebe und der von Jacques. Tja! Die Vergangenheit fesselte mich nicht, eine neue Leidenschaft wuchs in mir, herrlich, ich liebte ihn. (...) Wie kann ich das beschreiben? Es war keinesfalls Berechnung oder Vernunft, auch kein Traum oder Phantasie. Für einen Augenblick existierte es. Und jetzt noch immer ein wenig.

(...) Mein Leben ist kein vorgezeichneter Weg mehr, auf dem ich mich von dem Punkt aus, an dem ich angekommen bin, alles sehen kann und auf dem ich nur einen Fuß vor den anderen setzen muss. Es ist ein Weg, den noch niemand gegangen ist und den erst meine Schritte schaffen werden.«

Indem sich Beauvoir aus alten Bindungen löst, erschafft sie sich ihre Zukunft, durch die Erfahrung der Liebe. Es ist diese Erfahrung, die sie dazu führt, die Bedeutung der Wahlfreiheit zu reflektieren: »Ja, nur dank einer freien Entscheidung und dank gewisser zufälliger Umstände kann das wahre Ich zum Vorschein kommen. (...) Das Schreckliche an einer definitiven Entscheidung liegt darin, dass man dabei nicht nur das Ich von heute bindet, sondern auch das Ich von morgen, und deshalb ist die Ehe im Grund unmoralisch. (...) Natürlich habe ich mir diese Frage nach einer definitiven Entscheidung nie gestellt, aber für das Ich von heute ist Barbier und nicht Jacques der Passende. Einen Augenblick lang war ich frei und habe es gelebt: Ich, den Freund verlassend, mit dem mich so viele zärtliche Erinnerungen verbinden für den Unbekannten, der es verstanden hat, mich zu erobern!«

Diese Passage ist aus mehreren Gründen interessant. Sie demonstriert Beauvoirs Verwendung einer philosophischen Methodologie, um die eigene gelebte Erfahrung zu beschreiben (»Wie kann ich das beschreiben? Es war keinesfalls Berechnung oder Überlegung«), die wir später im zweiten Band von »Das andere Geschlecht« wiederfinden: Er trägt den Untertitel »Die gelebte Erfahrung«. Die Passage stellt auch eine Entscheidung vor, die die Vergangenheit überwindet und auf die Zukunft gerichtet ist. Zu solchen Entscheidungen rät Beauvoir später Frauen in »Das andere Geschlecht«, um ihre Befreiung zu erlangen. Außerdem demonstriert diese Passage die Interaktion des Ich mit dem Anderen in Beauvoirs Philosophie, ein weiterer Unterschied zu Sartre.

Beauvoir erfuhr ihre Freiheit im Erlebnis, sich zu verlieben und durch ein anderes Ich »erobert« zu werden. Beauvoirs Konzept vom »sich wandelnden Ich« und ihre Gegenüberstellung des »Ich von heute« mit dem »Ich von morgen« könnte eine Reflektion des Konzepts des »Werdens« von Henri Bergson sein, ein bedeutender französischer Philosoph, dessen Namen Beauvoir später in derselben Passage nennt.

Beauvoirs Betonung der großen Bedeutung konkreter, gelebter Erfahrung für die Herausbildung des Ich führt dazu, dass sie den brennenden Wunsch, zu sein, umwandelt in eine freudige Sehnsucht nach der Erkenntnis der Welt um sie herum. »Ich würde gerne an etwas glauben – dem Absoluten begegnen –, dem Leben einen Sinn geben; kurzum, ich wünschte mir Gott. Nun, einmal ausgesprochen, werde ich es nie vergessen. Doch in dem Wissen um die Existenz dieser Welt der reinen Idee, die ich nicht erreichen kann, um mir wenigstens zu erklären, warum ich lebe, werde ich mein Leben in der auch nicht zu verachtenden Welt der Dinge aufbauen. Ich werde mich selbst zu meinem Lebensziel machen.«

Beauvoir schwört sich, eine Philosophie aus der eigenen Erfahrung zu entwickeln, die kein steriles Konstrukt der Ratio sein soll, sondern eine Philosophie der Leidenschaft, die der Trennung von Geist und Körper durch Descartes die Stirn bietet. Am 28. Juli 1927 notiert sie im Tagebuch: »Oh! Nun sehe ich mein Leben klar: (...) eine leidenschaftliche, hingebungsvolle Suche (...). Ich wusste nicht, dass man sich aus metaphysischer Verzweiflung nach dem Tod sehnen konnte; alles dem Bedürfnis nach Wissen opfern; nur für die eigene Rettung leben. Ich wusste nicht, dass jedes System eine glühende, stürmische Sache ist, existenziell; ein Drama im vollsten Sinn des Wortes, das nicht nur die abstrakte Intelligenz fordert. Aber nun weiß ich es, und ich kann nichts anderes mehr tun.« Hier finden wir Beauvoirs frühe, leidenschaftliche Selbstverpflichtung an die Philosophie – eine Verpflichtung, die sie selbst später aus ihren Memoiren tilgt.

Schon hier nimmt Beauvoir sich vor, Literatur und Philosophie in einer Methodologie zu kombinieren, die die Leidenschaft direkt in die Philosophie integriert: »›Essays über das Leben‹ schreiben, die kein Roman sind, sondern Philosophie, die ich lose durch Fiktion verkette. Doch die Idee muss das Wesentliche sein, und ich muss versuchen, die nicht sagbare

Wahrheit zu finden, die Suche nach der Wahrheit beschreiben.« Beauvoirs Verwendung einer Romanhandlung, um darin philosophische Meditationen zu betreiben, ist Bestandteil einer Methodologie, die sie 1946 in ihrem Essay »Literatur und Metaphysik« als einzigartiges Instrument beschreibt, das sich ganz besonders für die Entwicklung der Existenzphilosophie eignet.

1927 interessiert sich Beauvoir bereits intensiv für die situative, an einen Körper gebundene und widersprüchliche Subjektivität, die Karen Vintges und Debra Bergoffen [3] als zentral für Beauvoirs spätere Ethik definieren. So argumentiert sie in ihrem Tagebuch gegen ihren neuen Freund, Maurice Merleau-Ponty, indem sie ihre Auffassung von der Körperlichkeit (und auch ›Verkörperung‹) des Ich verteidigt, die schon hier die eigene, gereifte Philosophie und die von Merleau-Ponty vorwegnimmt: »Ich beneide diesen schlichten und starken jungen Mann, der ein ruhiges Leben bei seiner zärtlich geliebten Mutter führt und der seelenruhig nach einer Wahrheit sucht, die er zu finden hofft. (...) den Traum versagt er sich. Ah! Ich hingegen habe gerade hier Reichtümer, die ich nicht missen möchte. (...) Drama meiner Zuneigungen, Pathos des Lebens. Zweifellos habe ich eine kompliziertere, nuanciertere Wahrnehmung als er, und eine ausdauerndere Fähigkeit zu lieben. Diese Probleme, die er in seinem Kopf lebt – ich lebe sie auch mit meinen Armen und meinen Beinen. (...) Das alles möchte ich nicht verlieren.«

Beauvoirs Plädoyer, ein philosophisches Problem nicht nur mit dem Kopf, sondern auch mit dem Körper auszuleben, widerlegt die Meinung der Kritiker, Beauvoir verdanke ihr Konzept der ›verkörperten Subjektivität‹ dem Einfluss von Merleau-Ponty und seinem späteren Konzept des ›gelebten Körpers‹. Das Tagebuch von 1927 stellt auch die herkömmliche Auffassung in Frage, Sartre habe die Theorie der Beziehungen zwischen dem Ich und den Anderen entwickelt, die später in Beauvoirs Beschreibung der Frau als »die Andere« in »Das andere Geschlecht« zu finden ist.

Das Tagebuch beweist Beauvoirs frühes Interesse an diesem Problem als Teil der eigenen Lebenserfahrung. So schreibt sie am 10. Juli: »Ich muss mir meiner philosophischen Ideen klar werden, (...) mich noch tiefer in die Probleme vertiefen, die mich beschäftigen (...). Thema ist fast immer dieser Gegensatz zwischen dem Ich und dem Anderen, den ich gespürt habe, als ich zu leben begann. Nun ist die Zeit gekommen, hieraus eine Synthese zu entwickeln.«

Für Sartre ist das Musterbeispiel, das ihm später einfällt, um den ›Blick des Anderen‹ zu beschreiben, der hasserfüllte Blick eines feindlichen Heckenschützen. Für Beauvoir hingegen ist der ›Blick des Anderen‹ schon im Tagebuch 1927 eine Quelle des Trosts: »Ich bin heute einsam bis zur Verzweiflung. (...) Um mich zu trösten, muss ich dieses vielfache Ich erleben, das sich in den Augen meiner Freunde spiegelt«, schreibt sie am 18. April. Der Blick eines Freundes, einer Freundin kann also der Fragmentierung des Ich entgegenwirken, wie auch die Zuwendung eines geliebten Anderen (in diesem Fall ihr Cousin Jacques) ihre Verzweiflung lindern kann: »Wir geben einander derart Halt, dass wir diese große, schwindelerregende Leere ertragen könnten; wir werden nicht in den Abgrund fallen können«, notiert Beauvoir am 3. Juni im Tagebuch.

Beauvoir schätzt Beziehungen zu den Anderen auch, weil diese ihr die Welt öffnen und weil sie ihr die Möglichkeit bieten, zu helfen und darin ein Gefühl der Nützlichkeit für Andere zu erleben: »Ich träume von riesigen Opfern, die ich bringen möchte; aber ich habe nichts, das groß genug wäre (...) als Geschenk.« In der Tat entsteht der Gegensatz zwischen dem Ich und dem Anderen, der Beauvoir beschäftigt, vor allem in Beziehungen der Freundschaft und der Liebe. Der Sehnsucht nach Liebe, dem Wunsch, im anderen aufzugehen, steht das Gefühl entgegen, »sich dominiert zu fühlen«.

Dieser Widerspruch ist für Beauvoir schon 1927 ein Thema von philosophischem Interesse. Sie erörtert das Problem, der Liebe Grenzen zu setzen, als mögliches Thema für ihre Abschlussarbeit: »Selbst für den zutiefst geliebten Menschen gibt es eine Grenze, da er nicht Gott ist. Vielleicht, vielleicht auch nicht (...) vertiefe ich dieses Thema für meine Diplomarbeit.« Dass Beauvoir sich mit dem Problem der Einschränkung von Zuwendung und Liebe beschäftigte, wird auch im folgenden Abschnitt deutlich, in dem sie über ihre Liebe zu Jacques schreibt: »Ich würde mein Examen für ihn opfern, nicht aber mein Werk, falls ich eines erschaffen kann, und auch nicht mich selbst. (…) Weigerung, irgendeine Sklaverei zu ertragen. Dabei weiß ich im Innersten nicht, (…) vielleicht opfere ich ihm doch alles, alles, und es wird kein Opfer sein.«

Beauvoir weiß, dass der Wunsch nach totaler Verschmelzung mit dem Anderen ein unmöglicher Wunsch ist. Entweder rebelliert das Ich gegen die eigene Vernichtung, oder der Andere weist den Wunsch nach Verschmelzung zurück: Liebe ist »die einzige große, menschliche Sache, in der ich das Nichts in allem Menschlichen spüre«, schreibt Beauvoir in einer der letzten Eintragungen des Tagebuchs. Doch schildert sie die Versuchung der Selbstaufgabe in der Liebe als eine fast unwiderstehliche Sehnsucht.

Sie beschreibt ihre obsessive Liebe für Jacques als einen Verrat an sich selbst, als »die endgültige Niederlage«, denn: »Mein Ich will sich nicht von seinem verschlingen lassen.« Die Versuchung des Selbstbetrugs in der Liebe ist die Versuchung, den anderen zu vergöttern, zum »Absoluten« zu machen: »Doch Liebe ist eine Tatsache, die man akzeptieren muss; die Sünde dabei ist die Abgötterei. Nicht so viel daran denken! Leider! Das Leben ist immer schwerer für die, die ihre Gefühle fühlen und denken wollen.«

Beauvoirs Auseinandersetzung mit der Versuchung, das Ich in der Liebe aufzulösen, ist eine Quelle für das, was Karen Vintges als Beauvoirs wichtigsten Beitrag zur Ethik bezeichnet: ihre praktischen Leitlinien für junge Frauen zur Bewältigung der Gratwanderung zwischen Liebe und Freiheit. Die 19-jährige Beauvoir war sich der Gefahren bewusst, die ihr Ausbruch aus den Beschränkungen und Annehmlichkeiten der traditionellen Frauenrolle barg. Durch die Verarmung ihrer Familie war ihr die übliche Aussicht auf eine arrangierte Ehe versperrt, und sie sah ihrer ungewissen Zukunft mit einer Mischung aus Stolz und Entsetzen entgegen. »Wie habe ich gestern die so schöne und schlichte Madame de Wendel beneidet! Ich weinte ohne Stolz und ohne Neid, als ich an das Schicksal dachte, das mich erwartet, an all die Kraft und die Energie, die nötig ist, um mein Leben besser zu finden als jedes andere.«

Während sie sich tatkräftig an die Planung ihrer Schreibprojekte macht, entdeckt sie begeistert die individuelle Kraft, die in einer Zukunft liegt, die sie durch das eigene Handeln bestimmen wird: »Am Freitag habe ich mit großer Tatkraft ein Lebensprogramm aufgestellt; in solchen Momenten empfinde ich meine Einsamkeit als Zustand der Berauschung: Ich bin, ich (be)herrsche, ich liebe mich und verachte die Anderen.«

Doch liegt in dieser Freiheit eine untergründige Widersprüchlichkeit; die Einsamkeit, die mit einem unabhängigen Leben einhergeht, lässt Beauvoir sich immer wieder verzweifelt nach der traditionellen Frauenrolle sehnen: »Aber ich hätte selbst so gern auch das Recht, sehr einfach und sehr schwach, eben eine Frau zu sein; in was für einer verwüsteten Welt wandere ich, so unfruchtbar; die einzige Oase darin ist die brüchige Wertschätzung für mich selbst. (...) Ich baue auf mich, ich weiß, daß ich auf mich bauen kann. Aber ich würde es lieber nicht nötig haben, mich auf mich selbst verlassen zu müssen.« Die Tiefe ihrer Verzweiflung im Angesicht ihrer unbekannten Zukunft wird in einer Randbemerkung deutlich, die sie am 18. Mai 1929 nachträgt: »Könnte ich es nochmal ertragen, so zu leiden wie damals, als ich diese Zeilen schrieb?«

Dass ihre Sehnsucht, ihr Ich in der Liebe aufzulösen, am Schluss des Tagebuchs noch lebendig ist, wird aus einer mit »1929« datierten Randbemerkung zur folgenden Eintragung deutlich: »Einem Augenblick lang im Jardin du Luxembourg fühlte ich mich schwach vor Traurigkeit angesichts der Tatsache, dass ich mich nach 18 Monaten derart leidenschaftlicher Liebesbeziehungen mit einem leeren Herzen wiederfand im Bewusstsein, dass es den Einen, der alles erfüllen könnte, nicht gibt.« Der letzte Halbsatz ist in einer andersfarbigen Tinte unterstrichen, und am Rand steht: »Sartre – 1929«. Also sehnte sie sich auch noch lange nach dem Ende des Tagebuchs von 1927 nach der Selbstauflösung und Verschmelzung mit dem Anderen. Die Unmöglichkeit dieser Sehnsucht sollte bald zum Thema sowohl von Beauvoirs metaphysischem Roman »Sie kam und blieb«, als auch von ihrem theoretischen Werk »Das andere Geschlecht« werden.

Der Konflikt zwischen dem Ich und dem Anderen, den auszuhalten es einer Wiedervereinigung von Weiblichkeit und Erwachsensein bedarf, wurde in den 90er Jahren von der amerikanischen Moralphilosophin Carol Gilligan als das zentrale moralische Problem der Frauen schlechthin bezeichnet. In »Das andere Geschlecht« kehrt Beauvoir zu diesem Problem zurück, das sie erstmals in ihrem Tagebuch von 1927 definierte, als sie eine Liebe kritisierte, »die sich als Geschenk bezeichnet, wo sie doch Tyrannei ist«. Beauvoir betont in »Das andere Geschlecht«, dass die authentische Liebe sich »auf die gegenseitige Anerkennung zweier Freiheiten gründen muss: (...) Keiner der beiden Liebenden würde seine Transzendenz aufgeben; keiner würde sich verstümmeln. (...) Für den Einen und den Anderen wäre Liebe die Entdeckung des Ich durch das Hingeben des Ich und die Bereicherung des Universums.« Diese Kritik der Ethik völliger Selbstlosigkeit macht klar, warum es sinnvoll ist, nicht mit Sartre, sondern mit Beauvoirs eigenen frühen Texten zu beginnen, will man ihre philosophische Entwicklung verstehen.

Abschließend können wir nur darüber spekulieren, warum Beauvoir es vorzog, ihre philosophische Leistung in ihren Memoiren zu verschweigen. Vielleicht hatte sie das Vertrauen in die eigene Kraft verloren, nachdem es ihr nicht gelang, öffentliche Anerkennung für ihre philosophische Leistung zu gewinnen. Oder vielleicht war sie besorgt, dass die Geschichte der Verwertung ihrer philosophischen Erkenntnisse

durch Sartre, die Kate und Edward Fullbrook aufgedeckt haben, zu demoralisierend wäre, um sie den
jungen Frauen anzuvertrauen, die sie doch mit ihren
Memoiren inspirieren und ermutigen wollte.

Doch indem sie ihre Tagebücher so hinterließ, dass
sie schließlich gefunden wurden und nun veröffentlicht werden, vertraute Beauvoir darauf, dass wir die
Spurensuche aufnehmen und das Rätsel der Entstehung von Beauvoirs Philosophie in »Das andere
Geschlecht«, dem wichtigsten Text des 20. Jahrhunderts über Frauen, lösen würden.

1   Karen Vintges: Philosophy as Passion: The Thinking of Simone
    de Beauvoir (1996).
2   Kate und Edward Fullbrook: Simone de Beauvoir and Jean-
    Paul Sartre. The Remaking of a Twentieth-Century Legend
    (1993); Simone de Beauvoir. A Critical Introduction (1998).
3   Debra Bergoffen: The Philosophy of Simone de Beauvoir. Gen-
    dered Phenomenologies, Erotic Generosities (1997).

Kate und Edward Fullbrook, Literaturwissenschaftlerin und Ökonom, haben zwei Bücher über Simone de Beauvoir geschrieben und zahlreiche Beiträge über sie als Philosophin. Sie erregten 1993 Aufsehen mit ihrer detailliert belegten These, nicht Beauvoir sei die Schülerin von Sartre – sondern Sartre sei der Schüler von Beauvoir. Ihre These hat erneut eine internationale Debatte über das Verhältnis und die gegenseitige Beeinflussung von Beauvoir und Sartre ausgelöst.

BEAUVOIRS EINFLUSS AUF SARTRE

Kate und Edward Fullbrook

In einem Interview mit Alice Schwarzer im Jahr 1972 beschrieb Simone de Beauvoir die Lage der weiblichen Intellektuellen, als sie jung war: »In einer Zeit, in der sehr viel weniger Frauen als heute studierten, war ich als Philosophie-Professorin eine Privilegierte unter den Frauen. Und da es nur sehr wenige gab, waren die Männer auch viel eher bereit, eine Frau, die etwas erreicht hatte, freundschaftlich anzuerkennen.«[1]

1973, in einem anderen Interview mit Schwarzer, kommentierte Beauvoir die hässliche Verwandlung in der Haltung mancher Männer, als Frauen langsam einige Elemente ihrer Unterdrückung abschüttelten: »Die Männer haben sich offensichtlich etwas verändert. Ich glaube, gerade die Emanzipation hat sie feindseliger gegenüber den Frauen gemacht als zuvor, sie sind aggressiver, aufdringlicher, ironischer, widerwärtiger als zu meiner Zeit.«

Beauvoir sprach aus bitterer persönlicher Erfahrung. Wenige Frauen haben die Folgen dieser Veränderung der Taktik des Sexismus härter zu spüren bekommen als Beauvoir. Vor der Veröffentlichung von »Das andere Geschlecht« im Jahr 1949 war Beauvoir anerkannt, gefeiert und wurde als innovative Philosophin dies- und jenseits des Atlantik gelesen. Doch zum Zeitpunkt ihres Todes im Jahr 1986 wurde Beauvoir von vielen niedergemacht als eine Frau, deren Bewusstsein nie durch eine eigenständige Idee erschüttert worden sei.

Daher müssen wir uns vergegenwärtigen, welchen intellektuellen Ruf Simone de Beauvoir Ende der 40er Jahre genoss, am Vorabend der Veröffentlichung von »Das andere Geschlecht«. Zu jener Zeit schätzte man ganz besonders in Frankreich die Macht ihres eigenständigen, unabhängigen Denkens, nachdem Beauvoirs philosophischer Essay »Pyrrhus et Cinéas« nach der Befreiung 1944 rasch in Druck gegeben wurde. Sie schrieb dieses Buch in direkter Opposition zu Jean-Paul Sartres Auffassung von Freiheit. Ihr Buch wurde mit großer Begeisterung aufgenommen und wurde, nicht weniger als Sartres »Das Sein und das Nichts«, ein entscheidendes Vehikel zur Einführung existenzialistischen Denkens in das intellektuelle Leben Frankreichs.

Beauvoir sattelte mit zahlreichen philosophischen Essays in der Zeitschrift »Les Temps Moderne« auf diesen Erfolg auf. 1947 reiste sie in die Vereinigten Staaten, wohin ihr der Ruf als bedeutender neuer französischer Philosoph vorausgeeilt war. Amerikanische Universitäten empfingen sie mit großer Erwartung. In nur drei Monaten hielt Beauvoir philosophische Vorlesungen an 23 führenden amerikanischen Institutionen, darunter Harvard, Vassar, Yale, Princeton und Berkeley. Im selben Jahr veröffentlichte sie »La morale de l'ambiguité«. Dieses Buch wurde sofort ins Englische übersetzt und mehrfach aufgelegt. [2]

Doch als Beauvoir älter wurde, wurde ihr diese Anerkennung ihrer philosophischen Leistungen allmählich entzogen. Nach der Veröffentlichung von »Das andere Geschlecht«, insbesondere nachdem das Buch von der neuen Welle der internationalen Frauenbewegung in den 70ern begeistert als Quelle der Inspiration und Information aufgegriffen wurde, wurde Beauvoir zur zentralen Zielscheibe antifeministischer und frauenfeindlicher Angriffe. Ihre Glaubwürdigkeit als Denkerin wurde untergraben. Zu diesem Zweck wurde sie wiederholt als Sartres Marionette dargestellt. Wie Alice Schwarzer in einem ihrer Interviews mit Beauvoir bemerkt, gab es sogar Behauptungen, eigentlich habe Sartre Beauvoirs Bücher geschrieben. Und natürlich waren Beauvoirs frühe philosophischen Schriften so gut wie vergessen, wie auch der Applaus der Öffentlichkeit und der Fachwelt, den die junge Philosophin einst geerntet hatte.

Außerdem verschwand Beauvoir fast vollständig aus der Entstehungsgeschichte des französischen Existenzialismus. Während sie in früheren Berichten ihren Platz neben Sartre und Merleau-Ponty hat, ist ihr Beitrag aus den Philosophiegeschichten, die nach 1970 veröffentlicht wurden, weitgehend verschwunden. Statt als eine der BegründerInnen des französischen Existenzialismus anerkannt zu werden, wurde sie auf den Status von »Sartres Gefährtin« herabgewürdigt. Tatsächlich war dies am Ende ihres Lebens ihre vorrangige öffentliche Identität. Dieser weibliche Philosoph, der so lang und so unverzagt, anfangs sogar ganz allein für das Recht der Frauen eingetreten war, sich über den Status eines relativen Wesens zu erheben, starb als Prototyp eines relativen Wesens.

Die Charakterisierung von Beauvoir als Sartres philosophischer Apostel war unter den Prämissen des patriarchalen Mythos durchaus glaubhaft. Denn die Ideengeschichte des Patriarchats ist die Ideengeschichte der Männer. Seine wichtigste These lautet: Nur Männer denken, Frauen nicht. Dies war bisher der traditionelle Rahmen, der die Ideengeschichte der Menschheit enthält (und beschränkt). In Beauvoirs Fall hieß das, dass ihr als Ausnahmefrau durchaus ein paar originäre Ideen zugestanden wurden, doch nur solange die Öffentlichkeit diese nicht als formenden Einfluss auf das Denken männlicher Philosophen begriff. Wenn zum Beispiel Kommentatoren die Tatsache betonten, dass Beauvoir und Sartre die meiste Zeit ihres Schaffens dieselben neuen philosophischen Kategorien bearbeiteten, wurde diese Tatsache durch den vorherrschenden kulturellen Mythos zuungunsten Beauvoirs rasch auf den Kopf gestellt. Es war sowohl unvorstellbar als auch unzulässig, dass es eher die Frau als der Mann war, der die schöpferische Kraft hinter einiger ihrer gemeinsamen Ideen war.

Keine Argumente und keine Beweise waren nötig, um diesen fundamentalen Wandel der öffentlichen und historischen Wahrnehmung Beauvoirs zu bewirken. Es wurden auch keine geliefert. Stattdessen wurde, wie so oft, die Frage, welche der Ideen des Paars vom Mann und welche von der Frau stammten, aufgrund ihrer Geschlechtszugehörigkeit entschieden. Und selbstverständlich lautete die Antwort kategorisch: Von den neuen Ideen, die Sartre und Beauvoir teilten, stammten ausnahmslos alle von Sartre.

Doch als Beauvoir 1986 starb, hatte bereits eine radikale Neubewertung, ausgehend von Margaret Simons, Alice Schwarzer und anderen, begonnen. Außerdem hatte Beauvoir bei ihrem Tod das Beweismaterial hinterlassen, mit dem die Forschung den Mythos ihrer intellektuellen Unterordnung widerlegen konnte, der ihren Ruf als Philosophin untergrub. Es war ein faszinierender und reicher intellektueller Nachlass. Beauvoir hatte all die Briefe aufbewahrt, die sie und Sartre einander schrieben, und die Tagebücher aus der Zeit, als sie ihren philosophischen Roman »Sie kam und blieb« schrieb und beendete – die Zeit, in der Sartre sich auf seine Schrift »Das Sein und das Nichts« vorbereitete, das Werk, auf dem sein Ruf als Philosoph bis heute zu 90 Prozent beruht. Beauvoir hinterließ auch ihre Studententagebücher aus der Zeit, bevor sie Sartre kennen lernte. Diese frühen Tagebücher wurden erst vor wenigen Jahren von Margaret Simons entdeckt.

Insgesamt haben diese von Beauvoir hinterlassenen Dokumente einen Umfang von acht Bänden. Seit ihrem und Sartres Tod wurde dieser umfangreiche dokumentarische Nachlass nach und nach der Forschung zugänglich gemacht. Die Geschichte, die er über den Ursprung der philosophischen Ideen erzählt, die von Beauvoir und Sartre geteilt wurden, unterscheidet sich grundlegend von der Geschichte, die wir bis dahin alle mehr oder weniger geglaubt hatten. Die neue Geschichte basiert auf den schöpferischen Prozessen, durch die Beauvoirs »Sie kam und blieb« und Sartres »Das Sein und das Nichts« erdacht und dann aufgeschrieben wurden. Diese Geschichte muss nun vor einem neuen Hintergrund erzählt werden. Wir wissen nun durch die Tagebücher der Studentin, die Margaret Simons entdeckte, dass Beauvoir, als sie 1929 Sartre kennen lernte, bereits tief und engagiert in der philosophischen Erforschung zentraler Fragen vorgedrungen war, die wir heute als den Kern des »Sartreschen Existenzialismus« kennen.

Es ist schon lange bekannt, dass Beauvoirs Roman »Sie kam und blieb«, 1943 veröffentlicht, bereits die meisten der philosophischen Ideen enthielt, die durch Sartres Essay »Das Sein und das Nichts« berühmt wurden (der ebenfalls 1943 veröffentlicht wurde). Maurice Merleau-Ponty, Beauvoirs und Sartres Freund und ein philosophischer Kollege, war der Erste, der Beauvoirs Roman als eine Darstellung philosophischer Ideen begriff. 1945 veröffentlichte er einen Essay, in dem er »Sie kam und blieb« als philosophischen Text interpretiert. 3) Bei den Kernthesen, die Merleau-Ponty in Beauvoirs Roman erkennt – es sind auch die zentralen Thesen in Sartres »Das Sein und das Nichts« – handelt es sich um die Theorie der Erscheinungen (Phänomenologie), die Theorie der Endlichkeit, die Theorie der Verkörperung sowie die Trennung von Wirklichkeit zwischen Immanenz und Transzendenz. Merleau-

Ponty erklärt auch, dass Fiktion ein natürliches Medium für einen phänomenologischen Philosophen ist. Auffallenderweise enthält sein Essay keinen Hinweis auf Sartres »Das Sein und das Nichts«, doch geht Merleau-Ponty davon aus, dass die philosophischen Ideen, die er in »Sie kam und blieb« identifiziert, ihre geistige Urheberschaft Sartre verdanken.

Doch 1959 gab es eine neue Entwicklung. Hazel Barnes, die englische Übersetzerin von »Das Sein und das Nichts«, schrieb ein Buch über Sartre, Beauvoir und Albert Camus. [4] Barnes dokumentiert die exakte Übereinstimmung zwischen Sartres Theorie der Intersubjektivität (das Selbst als Objekt eines Anderen) in »Das Sein und das Nichts« und Beauvoirs Präsentation derselben Theorie in »Sie kam und blieb«. Diese Hervorhebung einer großen philosophischen Übereinstimmung wirft unausweichlich zwei Fragen auf. Erstens: Welches dieser beiden Bücher, im selben Jahr veröffentlicht, wurde zuerst geschrieben? Zweitens: Welcher dieser beiden Autoren schuf diese bisher unbekannte Theorie der Intersubjektivität – oder war die Hervorbringung dieser Idee ein Gemeinschaftswerk?

Oberflächlich gesehen hatte Sartre durch die Offenlegung dieser Frage mehr zu verlieren als Beauvoir. Während die Darlegung der Theorie der Intersubjektivität in ihrem Roman auf wenig Interesse stieß, war sie die wichtigste Basis von Sartres philosophischer Reputation. Diese Theorie nimmt ein Drittel seines Essays »Das Sein und das Nichts« ein und ist der berühmteste, einflussreichste und originellste Teil. Doch beanspruchten sowohl Beauvoir wie auch Sartre implizit die volle Anerkennung für die neuen philosophischen Ideen in ihren jeweiligen Werken. Außerdem teilte Beauvoir mit, sie habe »Sie kam und blieb« geschrieben, bevor Sartre mit der Arbeit an seinem Buch »Das Sein und das Nichts« begann.

Daher gab Barnes' Demonstration der philosophischen Übereinstimmung der beiden Bücher ein Rätsel auf, wollte man den wissenschaftlichen Ruf beider Philosophen an der Urheberschaft dieser Theorie messen. Sie konnten nicht beide zugleich der alleinige Urheber der Theorie der Intersubjektivität sein. Es gab also drei Möglichkeiten: Entweder hatten beide Philosophen zur Entwicklung der Theorie beigetragen, und daher sollten beide gleichermaßen als Urheber anerkannt werden; oder nur einer von ihnen sollte als alleiniger Urheber dieser zutiefst einflussreichen Ideen gelten.

Der traditionelle Mythos der ausschließlich männlichen Urheberschaft von Ideen machte die Zuschreibung an Beauvoir unwahrscheinlich und die Identifizierung von Sartre als alleinigem Schöpfer der Theorie fast selbstverständlich. In der Tat ist dies bis heute die Überzeugung selbst einer so bedeutenden Autorin wie Hazel Barnes. Obwohl sie in einer Fußnote zu ihrem Essay von 1959 feststellt, dass unklar ist, welche Rolle Beauvoir und Sartre bei der Entwicklung der Theorie der Intersubjektivität jeweils spielen, argumentiert sie in ihrem Haupttext so, als sei

»Das Sein und das Nichts« zuerst entworfen und geschrieben worden und als sei Sartre allein für die gemeinsamen philosophischen Theorien und Ideen verantwortlich. Beauvoirs philosophische Originalität wird dadurch ausgelöscht.

Barnes schreibt: »Obwohl ›Sie kam und blieb‹ und ›Das Sein und das Nichts‹ im selben Jahr veröffentlicht wurden, ist die Ähnlichkeit zwischen den beiden Werken zu offensichtlich, um Zufall zu sein. Wie mit allen frühen Romanen Beauvoirs hat der Leser von ›Sie kam und blieb‹ den Eindruck, dass die Inspiration des Buches lediglich darin besteht, dass Beauvoir beschloss, zu demonstrieren, wie Sartres abstrakte Prinzipien ›im wirklichen Leben‹ funktionieren.« Barnes weiter: »Erst nach dem Ende der Lektüre von ›Sie kam und blieb‹ bemerkt man amüsiert die schrittweise Übereinstimmung mit Sartres Beschreibung des Objekt-Subjekt-Konflikts.«

Was hier passiert, ist uns klar, vertraut und bedrückend. Beauvoir wird als die traditionelle »gute Frau« vorgestellt, die pflichtbewusst den Fußstapfen ihres Mannes folgt und seine Ideen lediglich poliert und zur Schau stellt. Dies ist auch typisch für die spätere Rezeption von Beauvoirs Ideen.

Diese Fehldarstellung ihrer jeweiligen Leistungen muss zu Spannungen in Beauvoirs Beziehung zu Sartre geführt haben. Einerseits nahm Beauvoir Sartre immer wieder in Schutz, als sei er ein kleiner Junge, und sagte nie etwas, das seinem Ruf geschadet hätte. Beauvoir war für ihre Barschheit bekannt, aber sie konnte auch sehr großzügig sein. Andererseits bestand sie 40 Jahre hindurch in Interviews und Essays darauf, dass sie und sie allein die Schöpferin der philosophischen Ideen und Argumente in »Sie kam und blieb« war.

Wo liegt hier die Wahrheit? Wie wir schon festgestellt haben, ist diese Frage so brisant und bis heute hochaktuell, weil sie auf eine der zentralen Mythen menschlicher Zivilisation stößt. Die Briefe und Tagebücher aus dieser Zeit, die Beauvoir so vorsorglich aufbewahrte, weisen auf eine Antwort hin, die auf Fakten gründet statt auf vorgefasste Meinungen. Es scheint sinnvoll, die Frage in zwei Schritten zu beantworten. Der erste Schritt: Welches Buch – »Sie kam und blieb« oder »Das Sein und das Nichts« – wurde zuerst geschrieben? Beauvoirs und Sartres Briefe geben uns hierauf eine präzise Antwort. Sartre verließ Paris und Beauvoir, um seinen Militärdienst am 2. September 1939 anzutreten. Während ihrer Trennung tauschten sie beinahe täglich Briefe aus, bis Sartre am 21. Juni 1940 inhaftiert wurde. Außerdem schrieben beide Tagebuch. In Sartres Abwesenheit warf sich Beauvoir in die Arbeit an ihrem Roman, und natürlich hielt sie Sartre in ihren Briefen über den Fortgang auf dem Laufenden. Über 30 ihrer Briefe aus dieser Zeit enthalten solche Erläuterungen. Als Sartre aus Paris abreiste, hatte sie offensichtlich die Hälfte des ersten Entwurfs fertig, und bis Anfang Dezember hatte sie weitere 300 Manuskriptseiten fertig. Am 7. Dezember 1939 schrieb Beauvoir an Sartre:

»Seit gestern schreibe ich den Roman neu, ganz von vorn. Ich habe es satt, noch weitere Entwürfe zu erfinden; alles hat jetzt seinen richtigen Platz gefunden, und ich möchte nun etwas Endgültiges schreiben. Es macht mir enormen Spaß, und es geht mir – ganz verführerisch – unglaublich leicht von der Hand.« Während der nächsten zwei Monate informiert Beauvoir Sartre fortlaufend über ihre Fortschritte an der Endfassung. Am 17. Januar, in Erwartung von Sartres Rückkehr auf Urlaub von der Front, schreibt sie: »Ich glaube wirklich, dass du mich mit Lob überschüttest, wenn du meine 250 Seiten liest.«

Beauvoirs Tagebuch hält fest, dass sich Sartre am Morgen nach seiner Ankunft in Paris der Lektüre von »Sie kam und blieb« widmete. Ihr Tagebuch berichtet über weitere sieben solcher Sitzungen, die er bis zu seiner Abreise am 15. Februar 1940 mit ihrem Roman verbrachte. Sartres erster Brief an Beauvoir nach seiner Rückkehr in das soldatische Leben schließt mit dem Satz: »Sie haben einen schönen kleinen Roman geschrieben«, was den Schluss nahe legt, dass er mehr als nur die überarbeitete erste Hälfte ihres Romans gelesen hatte. Drei Tage später schrieb er an Beauvoir, um die philosophische Bedeutung einer Episode kurz vor dem Schluss von »Sie kam und blieb« zu klären.

In der Zwischenzeit setzte sich Sartre in seinem eigenen Tagebuch mit dem Roman auseinander, den er auf seinem Paris-Urlaub gelesen hatte. Dies bringt uns zum zweiten Teil unserer Frage: Von wem stammen die Ideen? Es bleibt theoretisch möglich, dass die philosophischen Ideen in »Sie kam und blieb« dennoch von Sartre stammten. Die Beweise, die nun vorliegen, machen dies jedoch in höchstem Maß unwahrscheinlich. Leider ist die kulturelle Voreingenommenheit, die weiblichen Denkern die Kreativität abspricht, solche fundamentalen Ideen zu entwickeln, immer noch so groß, dass es notwendig bleibt, diese so unwahrscheinliche Möglichkeit argumentativ zu entkräften, damit Beauvoir endlich die ihr gebührende Anerkennung als Philosophin erhält.

Beauvoirs Briefe und Kriegstagebücher wurden erst 1990 veröffentlicht. Doch Sartres Kriegstagebücher sind bereits 1983 erschienen. [5] Sartre-Experten waren begeistert über das, was sie darin fanden. Sie identifizierten diese Tagebücher als den Ort, an dem Sartre erstmals viele seiner philosophischen Ideen entwickelte, die später das Gerüst von »Das Sein und das Nichts« bilden würden. Darin sind sich die Sartre-Experten weitgehend einig. So schreibt einer von ihnen:

»Die Vorkriegsjahre scheinen im Rückblick lediglich Lehrjahre gewesen zu sein«, und »das Aufregende an den Tagebüchern« resultiert zum Teil »aus der Tatsache, dass sie den entscheidenden Übergang von diesen Lehrjahren hin zum vollen Erblühen von Sartres Talenten als originärer Philosoph in ›Das Sein und das Nichts‹ repräsentieren und bereits hier Entwürfe für viele Schlüsselpassagen des Werks zu finden sind.«

Dieses »Erblühen« von Sartres philosophischer Originalität manifestiert sich jedoch erst nach seiner

Rückkehr von seinem Urlaub im Februar 1940 und nach den vielen Lektürestunden, die er mit »Sie kam und blieb« zubrachte. Sartre selbst stellte am 9. Januar 1940 in einem Brief an Beauvoir fest, dass er seine Tagebücher noch mal durchgelesen habe und dabei feststellte, dass ihnen die Originalität fehlte, die er sich so ersehnte. Auch hier stimmen die Sartre-Experten zu. So schreibt einer von ihnen in Bezug auf die Zeit kurz vor Sartres Februar-Urlaub: »Die Philosophie, deren Geburt wir fast von Tag zu Tag in seinen Briefen und Tagebüchern herannahen sehen, gleicht immer noch mehr einer Neuausgabe von Heideggers ›Sein und Zeit‹ als dem Entwurf für die Ethik von ›Das Sein und das Nichts‹.« Ein anderer Sartre-Spezialist spricht von »der Kehrtwende von 1940«, als Sartre endlich »sartrisch« wurde.

Die Erklärung für Sartres erstaunlichen und plötzlichen Wandel von einem bloßen Wiederkäuer der Ideen anderer Philosophen in einen Denker von großer und zielgerichteter Originalität ist einfach und unwiderlegbar, steht aber im Widerspruch zur männlich definierten Ideengeschichte: Es war »Sartres Gefährtin«, eine originäre Denkerin, deren Ideen Sartre die philosophische Grundlage lieferten, nach der er suchte. Sofort nach seiner ausführlichen Beschäftigung mit Beauvoirs Text in Paris kehrte Sartre in die Kaserne zurück und füllte seine Tagebücher mit den ersten Entwürfen für »Das Sein und das Nichts«.

Zwischen dem 17. und 27. Februar 1940 hielt Sartre in seinen Tagebüchern offensichtlich so viel wie möglich vom philosophischen Ideengehalt von »Sie kam und blieb« fest, so weit er sich erinnern konnte. Viele, aber nicht alle dieser von ihm festgehaltenen Ideen und Argumente fielen Merleau-Ponty und Barnes auf. Sartre beginnt seine Ausführungen sogar noch mit einer kleinen Geste des Dankes an Beauvoir, doch wird er rasch von den Herrlichkeiten seiner männlichen Schöpferkraft überwältigt und hinweggetragen, während er Seite um Seite den Roman seiner Gefährtin nachformt (wir haben diese Korrespondenzen bereits in verschiedenen Essays dokumentiert).

Zum Schluss möchten wir nur noch mal auf Merleau-Pontys Beurteilung des philosophischen Ideengehalts von »Sie kam und blieb« hinweisen, den er als von Beauvoir – und nicht von Sartre – gezeugt begriff. Seine Wertung erklärt sich offenbar durch die Tatsache, dass er ohne Zweifel wusste, dass Beauvoirs Buch lange vor »Das Sein und das Nichts« geschrieben wurde. Beauvoir beginnt ihren Brief vom 23. Dezember 1940 an Sartre mit den Worten: »Es ist heute morgen sehr kalt hier in Paris, besonders im Café Dome. Merleau-Ponty sitzt hier, ein paar Meter entfernt, und ist in meinen Roman vertieft.«

Der Existenzialismus, dessen Herzstück das Konzept der »sozialen Anderen« ist, ist eine der einflussreichsten Philosophien des 20. Jahrhunderts und lieferte nicht nur die Grundlage für viele Befreiungsbewegungen, sondern ist heute Bestandteil jeder ernst zu nehmenden Kulturkritik. Das existenzialistische Konzept wurde bisher immer Sartre zugeschrieben. Heute wissen wir: Der Sartre'sche Existenzialismus ist in Wahrheit Beauvoirs Existenzialismus.

1   Alice Schwarzer: Simone de Beauvoir heute. Gespräche aus 10 Jahren (1982); neu aufgelegt 1999 bei Kiepenheuer & Witsch unter dem Titel: Simone de Beauvoir. Rebellin und Wegbereiterin.

2   Simone de Beauvoir: La morale de l'ambiguité (1947).

3   Maurice Merleau-Ponty: Le Roman et la métaphysique (1945, in: Cahiers du sud 270).

4   Hazel Barnes: The Literature of Possibility: A Study in Humanistic Existentialism (1961).

5   Simone de Beauvoir: Briefe an Sartre (1998, 2 Bände); Jean-Paul Sartre: Briefe an Simone de Beauvoir und andere (1988, 2 Bände).

ANHANG

Von Mina Ahadi erschien u.a.: »Killing brides: Murder of hundreds of women for bride money«, in »Medusa« (2/1998); »Weder Schleier noch Kruzifix. Über das Unterrichtsverbot für eine islamisch verschleierte Frau in Baden-Württemberg«, 1998.

Von Prof. Elisabeth Badinter erschien u.a.: »Die Mutterliebe. Geschichte eines Gefühls vom 17. Jahrhundert bis heute« (1984); »Emilie, Emilie. Weiblicher Lebensentwurf im 18. Jahrhundert« (1984); »Ich bin du« (L'Un est l'autre). Die neue Beziehung zwischen Männern und Frauen (1987). »Die Identität des Mannes« (1992) – alle im Piper Verlag. Und: »Der Schleier verstößt gegen die Menschenrechte« (Text im Emma-Sonderband »Krieg« 1991).

Von Prof. Kathleen Barry erschien u.a.: »Sexuelle Versklavung von Frauen« (sub rosa 1983); »Susan B. Anthony. A Biography of a Singular Feminist« (New York University Press 1988); »Report of the Meeting on Prostitution and International Human Rights« (UNESCO 1991); »The Prostitution of Sexuality: Global exploitation of women« (New York University Press 1995).

Von Prof. Sonja Bischoff erschien u.a.: »Frauen zwischen Macht und Mann« (Rowohlt 1990); »Zukunftsmodell ›Freier Beruf‹ – Qualifikation in Erfolg umsetzen« (Schäffer-Poeschel 1995); »Top-Arbeitgeber für Frauen – wer sie sind, was sie bieten« (Medialog 1996); »Männer und Frauen in Führungspositionen der Wirtschaft in der BRD – Neuer Blick auf alten Streit« (Wirtschaftsverlag Bachem 1999).

Von Slavenka Drakulic erschien u.a.: »Wie wir den Kommmunismus überstanden … und dennoch lachten« (Rowohlt 1991); »Sterben in Kroatien. Vom Krieg mitten in Europa« (Rowohlt 1992); »Das Liebesopfer« (Aufbau Verlag 1997); »Café Paradies oder die Sehnsucht nach Europa« (Aufbau Verlag 1997); »Marmorhaut« (Aufbau Verlag 1998); »Als gäbe es mich nicht« (Aufbau Verlag 1999).

Von Prof. Kate und Edward Fullbrook erschien u.a.: »Simone de Beauvoir and Jean-Paul Sartre: The Remaking of a Twentieth-Century Legend« (Harvester Wheatsheaf 1993); »Simone de Beauvoir. A Critical Introduction« (Polity Press 1998); Kate Fullbrook: »Katherine Mansfield« (Harvester Press 1986); »Free women: ethics and aesthetics in twentieth-century women's fiction« (Harvester Wheatsheaf 1990); »Writing: A Women's Business. Women, writing and the marketplace« (Manchester University Press 1998).

Von Benoîte Groult erschien u.a.: »Ödipus' Schwester« (Ainsi soit-elle, Knaur 1975); »Gleiche unter Gleichen. Männer zur Frauenfrage« (Knaur 1995); »Die

Hälfte der Erde. Aufsätze zur Frauenfrage« (Knaur 1994); »Leben will ich« (Knaur 1984); »Salz auf unserer Haut« (Droemer/Knaur 1988); »Leben heißt frei sein. Eine Autobiographie« (Droemer/Knaur 1998).

Von **Sheila Jeffreys** erschien u.a.: »The Spinster and Her Enemies. Feminism and Sexuality 1880-1930« (Pandora Press 1985); »The Sexuality Debates« (Routledge 1987); »Anticlimax. A feminist Perspective on the Sexual Revolution« (The Women's Press 1990); »Ketzerinnen« (Frauenoffensive 1994); »The Idea of Prostitution« (Spinifex 1997).

Von **Prof. Gerda Lerner** erschien u.a.: »The Grimké Sisters from South Carolina: Rebels Against Slavery (Oxford University Press 1998); »Black Women in White America: A Documentary History« (Pantheon Books 1972); »Die Entstehung des Patriarchats« (Campus 1991); »Die Entstehung des feministischen Bewußtseins. Vom Mittelalter bis zur Ersten Frauenbewegung (Campus 1993); »Why History Matters« (Oxford University Press 1997); »The Feminist Thought of Sarah Grimké« (Oxford University Press 1998).

Von **Rosa Logar** erschien u.a.: »Gewalt gegen Frauen in der Familie« (Verlag für Gesellschaftskritik 1995); »Halt der Männergewalt. Wegweisende Gesetze in Österreich« (Streit 17/1999).

Von und über Khalida Messaoudi erschien u.a.:
»Mein Land macht mir Angst«, in »Emma« (2/1992);
»Algerien auf der Flucht: Unser gelber Stern«, in
»Emma« (6/1995); »Worte sind meine einzige Waffe«
(Antje Kunstmann Verlag 1995).

Von Prof. Sigrid Metz-Göckel erschien u.a.: »Mädchen, Jungen und Computer« (Westdeutscher Verlag 1991); »Koedukation und Technikkompetenz von
Mädchen« (Beltz 1992); »Frauenuniversitäten. Initiativen und Reformprojekte im internationalen Vergleich« (Leske und Budrich 1997).

Von Prof. Obioma Nnaemeka erschien u.a.: »The
politics of (m)othering: womanhood, identity, and resistance in African literature« (Routledge 1997);
»Sisterhood, feminism and power: from Africa to
the diaspora« (Africa World Press 1998).

Von Prof. Barbara Schaeffer-Hegel erschien u.a.:
»Säulen des Patriarchats« (Centaurus 1996); »Frauen
und Macht« (Publica 1984); »Mythos Frau. Projektionen und Inszenierungen im Patriarchat« (Publica
1984); »Männer Mythos Wissenschaft. Grundlagentexte zur feministischen Wissenschaftskritik« (Centaurus 1989); »Vater Staat und die Frauen« (Centaurus
1990/91); »Sozialer Wandel und Geschlecht« (Centaurus 1996); »Die ganze Demokratie. Zur Professionalisierung von Frauen für die Politik« (Centaurus 1998).

Von Prof. Margaret A. Simons erschien u.a.: »Hypatia reborn: essays in feminist philosophy« (Indiana University Press 1990); »Feminist Interpretations of Simone de Beauvoir« (Pennsylvania State University Press 1995); »Beauvoir and the Second Sex: Feminism, Race, and the Origins of Existentialism« (Rowman & Littlefield 1999).

Von Marlene Streeruwitz erschien u.a.: »Verführungen. 3. Folge. Frauenjahre«, Roman (Suhrkamp 1996); »Lisa's Liebe. Roman in 3 Folgen« (Suhrkamp 1997); »Sein. Und Schein. Und Erscheinen.«, Tübinger Poetikvorlesungen (Suhrkamp 1997); »Können. Mögen. Dürfen. Sollen. Wollen. Müssen. Lassen.«, Frankfurter Poetikvorlesungen (Suhrkamp 1998); »Nachwelt. Ein Reisebericht«, Roman (Fischer 1999); – Ein Gespräch zwischen Elfriede Jelinek und Marlene Streeruwitz, in »Emma« (5/1997).

Von Prof. Rita Süssmuth erschien u.a.: »Frauen – der Resignation keine Chance« (Schwann 1985). »Kämpfen und Bewegen. Frauenreden« (Herder 1989); »Gehen die Frauen in die Knie?« (pendo 1990); »Bezahlen die Frauen die Wiedervereinigung?« (Piper 1992); »Demokratie neu denken« (Bertelsmann 1998).

Von Prof. Rita Thalmann erschien u.a.: »Frausein im Dritten Reich« (Hanser 1984); »Gleichschaltung in Frankreich 1940-1944« (Europäische Verlagsanstalt 1999).

Von Fay Weldon erschien u.a.: »Trio in Twinsets« (dtv 1974/99); »Die Teufelin« (dtv 1983/89); »Die Klone der Joanna May« (dtv 1993); »Vier starke Frauen« (Hoffmann und Campe 1999); »A Hard Time to Be A Father« (Flamingo 1998); »Godless in Eden« (Flamingo 1999).

Von Alice Schwarzer erschien u.a.: »Frauen gegen den § 218« (Suhrkamp 1971); »Frauenarbeit – Frauenbefreiung« (Suhrkamp 1973); »Der kleine Unterschied und seine großen Folgen« (Fischer 1975) sowie »Eine tödliche Liebe – Petra Kelly und Gert Bastian« (1993); »Marion Dönhoff – Ein widerständiges Leben« (1996); »So sehe ich das« (1997); »Romy Schneider – Mythos und Leben« (1998); »Simone de Beauvoir – Rebellin und Wegbereiterin« (1999). Alle Kiepenheuer & Witsch).

Übersetzungen aus dem Englischen: Barbara Frank, Übersetzungen aus dem Französischen: Antje Görnig.

Die Übersetzung der Zitate Simone de Beauvoirs des englischen Textes von Margaret A. Simons folgt den französischen Originalausgaben.

Alle Fotos: Bettina Flitner. Ausgenommen das Foto von Fay Weldon: Anita Schiffer-Fuchs, Köln.

Wenn Sie mehr von Alice Schwarzer lesen wollen: das Mini-Abo von Emma.

DER ABO-COUPON.

EMMA. DAS MAGAZIN VON ALICE SCHWARZER. EIN HALBES JAHR LANG FÜR 19,80 DM (STATT 35,40 DM). NACH ERHALT DER DRITTEN AUSGABE KANN ABBESTELLT WERDEN. ODER DAS ABONNEMENT LÄUFT WEITER. COUPON SENDEN AN: EMMA-SERVICE, POSTFACH 810640, 70523 STUTTGART, FAX 07 11/7 25 23 33.

NAME:

ADRESSE:

UNTERSCHRIFT:

ROMYB

Alice Schwarzer
Simone de Beauvoir

Rebellin und Wegbereiterin
Mit zahlreichen Abbildungen
KiWi 538

Alice Schwarzers Gespräche mit Simone de Beauvoir sind das Herzstück dieses Buches. Sie wurden in den so bewegten Jahren 1972 bis 1982 geführt und damals weltweit veröffentlicht und diskutiert. Die Gespräche gelten als Schlüssel zum politischen Teil ihres Werkes und ihres Lebens (Beauvoir: „Das Buch wird helfen, die Sache, der ich so tief verbunden bin, besser zu verstehen."). Die Einheit von Werk und Leben machte Simone de Beauvoir zum Modell der engagierten Intellektuellen unserer Zeit.

KiWi Paperbacks
bei Kiepenheuer
& Witsch

Alice Schwarzer
Romy Schneider

Mythos und Leben

Mit zahlreichen Abbildungen
Gebunden

„Ein aufregendes Buch... ein Stück deutscher Sittenge-
schichte."   *Der Tagesspiegel*

„Eine neue Sicht auf Romy Schneider."   *Facts*

„Alice Schwarzer stellt die Frage, warum es so war. Sie
analysiert ihr Objekt. Immer verständnisvoll. Nie etwas
verschweigend."   *Marlene Streeruwitz im Falter, Wien*

„Endlich hat Romy Schneider eine Biographin gefunden.
Alice Schwarzers Buch ist ein Lehrbuch für Frauen."
                Julia Onken in der Sonntags-Zeitung, Schweiz

VERLAG
KIEPENHEUER
& WITSCH

Alice Schwarzer
Marion Dönhoff

Ein widerständiges Leben
Mit zahlreichen Abbildungen
Gebunden

Alice Schwarzer begegnet Marion Gräfin Dönhoff - das
Ergebnis ist ein überraschendes, passioniertes Porträt
von Deutschlands bedeutendster Journalistin der Pio-
niergeneration.

VERLAG
KIEPENHEUER
& WITSCH

Alice Schwarzer
PorNo

Opfer & Täter, Gegenwehr & Backlash
Verantwortung & Gesetz
Ein EMMA-Buch
KiWi 338

Nie war das Thema so aktuell. Die EMMA-Herausgeberin warnte schon früh vor den Folgen der massenhaften Verbreitung pornographischer Bilder und Texte, denn »Pornographie verknüpft Lust und Begehren mit Macht und Gewalt«. Der Band dokumentiert den Kampf von Frauen gegen Pornographie in den letzten 15 Jahren: von der »stern«-Klage 1978 über den Gesetz-Entwurf 1988 bis hin zur Newton-Kritik.

KiWi Paperbacks
bei Kiepenheuer
& Witsch

Alice Schwarzer
So sehe ich das!

Über die Auswirkung von Macht und Gewalt
auf Frauen und andere Menschen
KiWi 449
Originalausgabe

Alice Schwarzers Essays und Kommentare aus den letzten
Jahren – ein Buch von Deutschlands bekanntester und ein-
flußreichster Feministin, bei der sich journalistische Brillanz
mit politischem Engagement verbindet.

KiWi Paperbacks
bei Kiepenheuer
& Witsch

Alice Schwarzer
Eine tödliche Liebe

Petra Kelly und Gert Bastian
Mit zahlreichen Abbildungen
Broschur

Alice Schwarzer analysiert die fatale Symbiose von Liebe
und Haß in der Beziehung des bekanntesten politischen
Paares der deutschen Nachkriegsgeschichte.
In monatelangen Recherchen suchte sie Antworten auf die
Frage, die sich schon wenige Wochen nach Bekanntwer-
den des Dramas niemand mehr stellte: Warum erschoß
Gert Bastian Petra Kelly?

VERLAG
KIEPENHEUER
& WITSCH

Anna Dünnebier / Gert v. Paczensky
Das bewegte Leben der Alice Schwarzer

Die Biographie
Mit 32 Abbildungen

Jeder kennt das Klischee der Emanze Nr. 1 - kaum jemand kennt den Menschen Alice Schwarzer. Zum ersten Mal hat Alice Schwarzer für dieses Buch die Tür zu ihrem Leben geöffnet. Sie hat Anna Dünnebier und Gert v. Paczensky in ausführlichen Gesprächen über alle Abschnitte ihres Lebens Auskunft gegeben. Auf der Basis der Auswertung von Dokumenten aus privaten und öffentlichen Archiven und einer Vielzahl von Interviews mit Menschen aus ihrer Umgebung ist so die erste umfassende Biographie über eine der faszinierendsten Frauen der Gegenwart entstanden.

VERLAG
KIEPENHEUER
& WITSCH